Giulia Foïs est journaliste. Elle anime chaque semaine « Pas son genre » sur France Inter. *Je suis une sur deux* est son premier récit, paru chez Flammarion en 2020.

JE SUIS UNE SUR DEUX

GIULIA FOÏS

JE SUIS UNE SUR DEUX

RÉCIT

FLAMMARION

MIXTE
Papier issu de sources responsables
FSC® C003309

L'éditeur de cet ouvrage s'engage dans une démarche de certification FSC® qui contribue à la préservation des forêts pour les générations futures.

Pour en savoir plus :
www.editis.com/engagement-rse/

ISBN : 978-2-266-31762-7
Dépôt légal : mars 2021

Au paternel vertical.
À mes sœurs. Toutes.
À toi, à qui ça vient d'arriver.

J'ai eu de la chance. J'ai eu le bon viol. Alors parfois, j'ai pu dire. Une fois, même, j'ai pu porter plainte. Et aujourd'hui je suppose qu'il m'est plus facile d'écrire : le bon viol, vous pourrez peut-être le lire.

Le bon viol, c'est celui avec le Loup-Garou sorti de nulle part. Celui avec le parking, à la tombée de la nuit. Celui avec le couteau qui luit – même si c'était un cutter. Celui avec les coups de poing dans la gueule. Suffisamment bien envoyés pour n'en laisser aucune trace, à part un tout petit bleu derrière l'oreille. Il paraît que ceux qui battent vraiment bien leurs femmes savent faire, frapper sans laisser de traces. Lui, il a su. Dix ans plus tard, mes dents ont fini par bouger. Celles du bas. On a dû me les raboter. En fait, il me l'avait tellement éclatée, la mâchoire, que des petites fissures invisibles avaient commencé à se créer sous la gencive. Mais à l'époque, on ne voyait rien. Ça les a bien fait chier, les flics. Le commissaire a dit : « Dommage, elle est même pas défigurée. » C'est une habitude à prendre, dès le dépôt de plainte, quand vous êtes victime de viol : on parle de vous en disant « elle », comme si vous n'étiez pas là. En même temps, vous n'êtes plus tout à fait là…

« Elle » n'était même pas défigurée, donc. Alors « elle », pour le coup, n'était pas la bonne victime : même si « elle » avait eu le bon viol, ça risquait d'être compliqué à plaider.

La bonne victime, c'est celle que vous pouvez imaginer sans effort. Celle qui porte les stigmates de l'infamie sur le visage – ou le V de viol sur le cul. La bonne victime est forcément exsangue, forcément à terre, brisée absolument-définitivement, en mille petits morceaux de chair éparpillés sur l'asphalte d'un parking, le carrelage d'une cuisine, la poussière d'un terrain vague. La bonne victime est écrasée par le poids de la honte, noyée dans ses propres larmes, dont on ne sait exactement si elles sont faites de souffrance ou de culpabilité, mais dont on espère tout de même que ce soit un peu des deux, tant qu'à faire. Parce que, quitte à donner dans le crapoteux-dégueu, faut que ça déverse, que ça coule. Faut que ça transpire, faut que ça suinte le viol. Faut qu'elle en chie pour qu'on la plaigne. Alors faut que ça se voie.

Donc si « elle » avait été une bonne victime, « elle » aurait dû avoir la décence minimale de porter encore « des traces de sperme et des traces de sang sur le visage, au moment où elle s'est présentée à vous ». Les guillemets, c'est pour la plaidoirie de mon avocat. Ça pique un peu, mais j'aime bien. J'aime bien aussi que ça ne se voie pas sur ma figure. Ça m'a perdue et ça m'a sauvée, mais dès l'instant où il est sorti de ma voiture, j'ai voulu nettoyer. Les sièges, le tableau de bord, et moi. Profondément, frénétiquement, furieusement, obsédée que j'étais par l'envie de récupérer ma vie d'avant, renouer le fil, recoller les bouts de moi… Pas question de voir ses doigts quand je me regarde dans le miroir. Je voulais que vous vous disiez : « On dirait pas. » Je voulais que vous me trouviez encore jolie dehors, quand cette chose si laide s'était incrustée dedans. Alors ça ne s'est jamais vu sur ma figure. Poker Face. Ça a été ma victoire sur moi, ma revanche sur lui, mon arme et mon armure dans ce monde qui ne veut pas de nous, acolytes malgré nous, compagnes du hasard malencontreux, camarades du mauvais endroit au mauvais moment, sœurs d'infortune, suspectes à peine le Mot Affreux prononcé (je vous aide : il a quatre lettres), suspectes d'avoir survécu, suspectes de complicité, émanations involontaires de cette Bête Immonde qui vous fait si peur, cette chose tapie dans l'ombre qui menace de frapper vos sœurs, vos mères, vos amies, vos amantes, cette vermine qui sommeille, potentiellement, en chacun de vos frères, vos pères, vos amoureux du bac à sable – j'ai dit « potentiellement ». Pouf, pouf, on se calme... Et on se souvient juste que, pendant des siècles, on a puni les femmes violées autant que les violeurs. Qu'on les lapide ou qu'on les brûle, aujourd'hui encore, à certains endroits du monde – chez nos voisins, à vol d'oiseau. Évidemment, de cette histoire millénaire, il reste des traces. Alors merci, mais ce sera sans moi – le fer rouge, vous pouvez vous le mettre où je pense. Alors, de loin, ça ne s'est pas vu. Alors j'ai eu (un peu) la paix. Mais c'est aussi pour ça qu'il a été acquitté. Pour ça, et parce qu'il payait ses impôts correctement. Et comme il entraînait EN PLUS l'équipe des minimes, et que PAR AILLEURS il était père de famille, il ne POUVAIT PAS être un violeur – les majuscules, c'est pour ses deux guignols d'avocats, dont la subtilité était inversement proportionnelle aux décibels. Un bon contribuable, blanc et footeux, ça rentre pas dans la case. Point. Si je n'étais pas la bonne victime, il n'était pas le bon violeur non plus. Pour ça, il aurait dû être étranger. Préférablement « de type maghrébin », si j'en crois le nombre de fois où on m'a posé la question. L'homme qui viole ne peut pas être un « comme nous ». Il doit être un élément exogène au groupe, sinon c'est le groupe lui-même qui pue le viol, coupable, a minima, de complicité passive. Il faut que ça ait quelque chose d'exceptionnel, voire de surnaturel. Sinon, ça pourrait arriver tout le temps – pour info, ça arrive très exactement toutes les sept minutes en France[1]*. Il est un animal qui rôde à l'extérieur de la cité et qui, parfois, la nuit, toujours la nuit, forcément la nuit, assoiffé du sang des vierges, y effectue une descente – et tant pis pour celles qui traînent sur les parkings passé 22 heures. Quelles connes.

Vous en avez parlé pendant six plombes, avant de l'acquitter, le bon contribuable. Le vote était serré, je l'ai su plus tard. Mais vous l'avez acquitté quand même. Le lendemain, vous l'avez pris en photo. Et vous lui avez demandé comment il se sentait. Il vous a dit : « On m'a volé trois ans de ma vie », « Plus rien ne sera jamais comme avant », « Je vais tenter de me reconstruire » – eh, mec, ça te dérange pas de me gauler *aussi* mes mots ? Bref. Cette interview, c'était dans les pages intérieures de *La Provence*. Je sais même pas pourquoi j'ai ouvert ce canard. La une aurait dû me suffire. En photo, il souriait de toutes ses dents – moins une, il a un chicot – avec son avocat, bras dessus, bras dessous. Une belle équipe de *winners*… Ce jour-là – et ce jour-là seulement –, j'ai eu envie de me jeter sous un

* Les notes figurent en fin de volume.

train. On était en gare d'Avignon. C'était le lendemain du verdict. Trois ans après le viol. Le jour où « ma vie avec » allait devoir commencer. Sans mon consentement. Mais avec le viol. Avec l'acquittement. Sans intérêt (au singulier), mais avec des dommages (au pluriel). Avec ma colère. Ma tristesse. Mon sombre. Mon vide. Mon corps dont je ne sais plus bien quoi faire à ce moment-là. Ma tête et ses trous, mon ventre et ses trouilles, pour un bon moment. Avec mes béquilles. Celles que j'ai à l'intérieur, et qui m'aident à marcher. Au début, on a du mal. Chaque pas coûte. Mais il faut s'éloigner de ce parking, vite, le laisser loin derrière, vite, vite ; surtout, gagner les lumières de la ville, surtout, voir des bouches qui sourient sans mordre, vite, voir des yeux qui ne brûlent pas, des mains qui ne frappent pas. Vite, vite, un être humain, ici, là, quelque part. Vite. Passer de l'eau sur sa figure, faire couler la lacrymo et le rimmel mélangés… Nettoyer. Avancer. Claudiquer, marcher, et puis courir. Jusqu'au jour où on court si vite avec nos béquilles qu'on les oublie. J'ai eu de la chance, j'ai pu les oublier.

Décrire

Dis, maman, tu veux bien laisser la porte entrouverte ? Nan, mais au cas où…

Hey, pap's, t'as déjà appelé Candyman à voix haute, juste pour voir s'il venait te déchiqueter dans ton sommeil ?

Et au fait, ça fait quoi, un viol ?

C'est marrant, cette question… Comme un film d'horreur qu'on regarde entre ses doigts : on a très-très envie de voir la fin – et de connaître la réponse. En même temps, wow ! Ça fait beaucoup-beaucoup trop peur… On éteint ? Non. On met ses doigts. Parce qu'on aime se faire peur. Surtout quand ça peut pas nous arriver en vrai parce que c'est que dans la télé.

Ça fait quoi, un viol ?

La réponse, je vous souhaite, très sincèrement, de ne pas l'avoir dans le détail. Mais dans les grandes lignes, au fond, vous le savez. Ça, personne n'a pu vous l'épargner vraiment.

C'est comme un secret de famille : tout le monde sait qu'il est là, tout le monde vit avec, et partout, et tout le temps, et depuis toujours, et tout le monde ferme les yeux. Si je te vois pas, tu disparais. Tout le monde a quatre ans et des terreurs d'enfant. Les monstres, ça n'existe pas, papa et maman sont là. Le viol aussi, ça se peut pas, tu peux dormir tranquille, mon chat. C'est des histoires de grandes personnes, c'est pour rigoler, t'en fais pas. En fait, le viol, tu vois, c'est juste « faire l'amour alors que tu n'en as pas très envie ». Ça, c'est une rédactrice en chef qui l'a dit, un jour, devant moi. J'avais vingt ans, ça venait de m'arriver. J'ai voulu me lever, mais j'ai pas bougé. J'étais en CDD. Mon premier CDD. J'ai fermé ma gueule, pétrifiée. Quand, des années après, un ami m'a demandé si j'avais pris du plaisir, j'ai voulu l'ouvrir. Mais les mots n'ont pas voulu sortir. Figés sur ma langue. Comme chaque fois que j'ai entendu dire : « Le viol est un fantasme, chez beaucoup de femmes » – si vous remplacez « femmes » par « salopes », ça marche aussi. Comme chaque fois que j'entends dire que bon, oh, ça va, c'est pas si pire vu qu'« on peut avoir un orgasme, pendant un viol » – veinardes, va ! Ça rassure. Ça aide à dormir. Ça met de l'Éros dans le Thanatos. Ça chasse le monstre de sous le lit. Et moi, je veux bien le numéro de votre dealer.

Ça fait quoi, un viol ?

Je vais essayer.

Parce que la Bête Immonde, on lui nique sa race quand on la regarde en face.

Je vais essayer.

Fouiller au fond de ma mémoire, gratter la plaie, regarder dedans. Demander à mon corps de se souvenir, quand ça fait vingt ans qu'il tente d'oublier. Qu'il y est presque arrivé. Presque. Si j'oublie le ventre qui se noue, l'oreille qui se dresse comme un clebs, le cœur qui s'emballe quand j'entends des pas derrière moi, dans la rue – autant dire souvent. Ça arrive malgré moi, je ne décide rien, c'est comme ça. Même le jour, si, si. L'impensable est arrivé une fois. Ça peut arriver une deuxième fois. L'impossible a été possible. Il l'est. Maintenant, je le sais. Pas en théorie : en pratique, je le sais. Dans mon corps, je le sais. Et ça change tout. Toute votre perception du monde, tout votre rapport au monde : la rue, le bruit, les hommes dans la rue qui font du bruit… Tout. Longtemps, j'ai été incapable de me mettre de la musique dans les oreilles. Il fallait que je sache : tac, tac, tac… Bruits de pas… Tac, tac, tac… Un homme ou une femme ? Loin ou près ? Un pas chelou ou un pas non chelou ? Trop vite, c'est chelou. Ça traîne, c'est chelou aussi.

Chercher une lumière, un bar, une boutique, des gens, de la vie, l'air de rien – coolitude extérieure totale. Changer de trottoir, ou stopper net. Faire semblant de fouiller dans son sac, le temps que le « tac, tac, tac » vous dépasse. Être furieuse d'en être encore là. Passer un coup de fil à un proche, entendre une voix amie. Être furieuse que ça vous soit arrivé. Ne pas glisser, rester dans ce monde-ci. Être furieuse pour ne pas être triste. Avec le temps, vous savez faire : transformer la tristesse en rage, puis en colère, puis en action. Avec le temps, vous avancez quand même sur le trottoir. Un pas devant l'autre, calme-toi, calme-toi, calme-toi. Plus que cinq minutes, et tu es chez toi. Plus que trois… Avec les années, le corps se calme, l'esprit prend les manettes. On anticipe. Choisir un restau près de chez soi, quand on est avec des gens qui « savent » et qui vous raccompagneront. Sinon, préférer un endroit suffisamment loin pour qu'un taxi accepte de vous transporter au retour – ah non, le métro après 22 heures, non merci, je ne l'ai plus jamais pris. J'ai eu assez à faire contre moi-même : accepter qu'un livreur, qu'un plombier, qu'un dératiseur à moustaches (il avait des moustaches, elles ont râpé ma bouche, j'ai longtemps détesté les hommes à moustaches), que n'importe quel inconnu nécessaire vienne chez moi alors que j'y vivais seule ; apprendre à garer ma voiture dans le parking de l'immeuble, tous mes yeux sur tous les rétros en même temps ; supporter qu'on me drague dans un bar sans partir en vrille, sans peur, sans rage, sans siffler entre mes dents : « Dégagez-moi ça de là » ; refaire l'amour, en avoir envie, des peaux nues qui se frôlent, des mains qui caressent, aimer ça… J'aime ça. Furieusement, joyeusement, doucement – aujourd'hui. Pendant vingt ans, j'ai mené les combats essentiels, ceux sans lesquels ma vie n'en aurait pas été une. Pour le reste, je me fous la paix.

C'est pas suffisant. Il faut que tu ailles plus loin. Pas tes victoires d'aujourd'hui, mais tes batailles d'hier. Aujourd'hui, quand tu entends une vanne toute naze sur le viol, tu sais dire : « Elle est naze, ta vanne. » Hier tu encaissais le coup de poing dans le bide, tu serrais les dents, tu te forçais à sourire et tu te détestais. « Avec un cul pareil, elle mériterait de se faire violer » : mouaaahh haha – rires gras. « Elle est tellement moche que ça doit être une punition de la violer » – accolades, clins d'œil, bourrades… Et ma main dans ta gueule. Si seulement j'en avais eu le courage. Mais hier, je me planquais. Aujourd'hui, je fonce dans le tas : « Toi, avec une connerie pareille, tu mériterais de te faire euthanasier », quand je suis bien inspirée. « Pauvre type », les jours de fatigue – « pauvre meuf », c'est plus rare, mais ça peut servir aussi.

Hier, je dormais la lumière allumée. Avant-hier, je rajoutais un Lexomil. Aujourd'hui, j'ai juste besoin de vérifier trois fois que la porte d'entrée est bien verrouillée – et cette phrase-là, c'est cadeau pour les psys…

Hier, il pouvait m'arriver, même avec de gentils garçons, de ne plus supporter qu'ils me touchent. Ça arrivait d'un coup. Ça aussi, malgré moi. Sans prévenir, jamais. Toujours ton corps qui prend le dessus. Il se souvient et t'empêche d'oublier. Quand il l'a décidé. La fois d'avant, ça ne s'était pas produit. La fois d'après, ça ne se produirait pas. Mais ces fois-là, ces soirs-là, ces nuits-là, je quittais ce monde-ci pour rebasculer dans ce monde-là. Dans ce champ-là. Dans cette voiture-là. L'odeur commençait par attaquer mes narines, ça picotait. Et sur ma peau, rien à faire, ça n'était plus celle du garçon gentil que je sentais, mais la sienne, qui me débectait. Mon corps se raidissait, dans ma tête, je partais. Je voyais ses yeux, ses petits yeux de rat tout noirs de haine et sa foutue moustache. Tout. Je revivais tout à l'identique. Les premières fois, j'ai tenté de résister. Me suis agrippée à la terre – et sans doute à la couette – pour ne pas tomber au fond du puits. Rien à faire : je dévissais. Tentais d'expliquer au gentil garçon ce qui m'arrivait. Pas simple. J'échappais à mon corps, à l'ici, au maintenant, ça m'aspirait. Jusqu'à ce que la vague reflue – d'elle-même, puisque je n'avais pas la main. Qu'il quitte de nouveau ma voiture, que je reprenne le volant, que je roule vers la ville… Alors je reprenais ma vie. Et la main, et la couette, et le garçon gentil. Ça, c'était hier : douleur vive à très vive, flash-back dégueulasses à immondes, prix à payer d'une forme de lucidité, voire d'acceptation minimale. Avant-hier, c'était pire. Parce que j'avais mis le couvercle. J'ai passé les premières années qui ont suivi le viol à refuser que cette chose-là ait le moindre impact sur moi. Il m'avait volé une heure quarante de mon temps, je ne lui donnerais pas une seconde de plus. Je reprenais le pouvoir. Sur lui, sur moi. Sur eux, aussi. Pas les garçons gentils, mais les inconnus que je croisais, dans des fêtes, des bars, des boîtes de nuit. C'était moi qui prenais les devants, moi qui draguais, moi qui offrais des verres et moi qui, parfois, les attrapais par les couilles : « On baise un coup et on n'en parle plus ? » Ou presque. Pas tout le temps, pas chaque fois, évidemment. Mais parfois. Aujourd'hui, ça n'arrive plus.

Allez, raconte. Raconte encore. Mets-toi en apnée et redescends. En toi. Plus loin, plus bas que ça. Il faut qu'ils comprennent, il faut qu'ils entendent, il faut qu'ils sachent.

Ça fait quoi, un viol ?

Dans le désordre, et parce que c'est la première sensation qui me revient… Pour moi, un viol, ça fait d'abord mal aux cheveux. C'est sa main qui m'attrape par le scalp et colle ma tête contre ses genoux avant de frapper la tempe.

Ça brûle les yeux, aussi. La lacrymo. Les larmes. L'éclair qu'il y a dans les siens, qui transperce les miens, et me fait dire que, pour moi, ça ne s'annonce pas très bien. Après tu ne vois plus rien.

Ça bourdonne dans les oreilles. Il tape, il tape, il tape. Sa main est un maillet. Ma tête une miche de pain. J'ai le tournis.

Ça fait froid dans le dos. Comme un gel qu'on t'injecte dans les veines et qui t'anesthésie tout le corps. Un gouffre sous mes pieds, je suis terrifiée, je suis tétanisée. Incapable de bouger. Ma chair intègre le sens du mot « effroi ».

Le cœur qui bat ? Même pas. Je crois qu'il s'est arrêté à ce moment-là.

Ça pue, un viol. Ça pue sa sueur, ça sue sa peur. C'est aigre, ça me dégoûte. Et dans la bouche, c'est amer. C'est le goût de la douleur. Celle qui te vient quand tu comprends que, irrémédiablement, ta vie ne sera plus jamais comme avant. Parce que quelqu'un vient de le décider pour toi.

Au toucher, un viol, c'est cette langue dégueulasse, comme une limace, visqueuse, insidieuse, entêtée, fouineuse, qu'il glisse dans ta bouche. Parce que oui, il veut t'embrasser. Non : parce qu'il t'embrasse, point – c'est pas comme si t'avais le choix. Dans sa tête à lui, on passe une bonne soirée. Un moment en amoureux. Et sa bite est un ver de terre.

C'est cette drôle d'expérience, celle où tu quittes ton corps. Sainte Trinité de toi-même, en plein champ, en pleine terre, pas au ciel, plus près de l'enfer, sans miracle, sans lumière, et encore moins de salut, ni pour toi, ni pour lui, ni pour personne en fait : tu te divises en trois. Ta tête se barre, loin, très loin : elle ne supporterait pas. À lui, tu laisses ta viande qui, à ce stade, ne vaut pas plus que ça. Ton cerveau gère. Un super-cerveau/super-héros, qui déploie ses ailes à partir du moment où il trouve que ça sent la mort, mais qui décide que, toi, tu vas vivre. Alors il gère. Couic. De ta gorge, plus un bruit. Surtout, ne plus crier, ça l'excite, ça l'affole, alors il tape plus fort. Il n'avait peut-être pas l'intention de te tuer au départ, mais là, tu sais que ça peut arriver. Alors, que les coups cessent de pleuvoir, ce serait déjà pas mal. Pour le reste, le laisser faire. Ce qu'il a à faire. Plus vite il aura commencé, plus vite il aura fini. Ça te fait horreur, je sais, mais c'est ça ou tu meurs. Et tu ne veux pas mourir. Il y a des gens, tes proches, tes amis, tes parents, que tu pourras retrouver, dès que tu sortiras de ce champ. Et tu vas en sortir. Parce que tu l'aimes, ta vie. Elle est chouette, ta vie. Elle commence tout juste, ce serait vraiment trop con… Allez, courage, gamine, et si ça peut t'aider, ferme les yeux, fuis les siens qui te rentrent jusque sous la peau, n'entends pas son « et en plus t'es bonne » – il est bien tombé, ce soir, il est content, un peu plus et il bat des mains –, ne regarde pas ce qu'il fait de tes seins, de ton cul, de ton sexe. Laisse-les-lui, ça n'est qu'un sexe, qu'un cul, qu'une paire de seins. De toute façon, ce ne sont plus les tiens. Un jour, peut-être, ils le redeviendront. Tu ramasseras tes bouts de toi et tu les recolleras. Mais plus tard, tu y penseras plus tard. Pour l'instant, non, surtout pas. Ne pleure pas, pas maintenant, pas devant lui, ne lui offre pas ce plaisir-là. Tout à l'heure, dès que tu sortiras du champ, tu trouveras des bras pour te consoler, tes proches, tes amis, tes parents… Mais pas maintenant, c'est pas le moment. Ferme les yeux et barre-toi, tire-toi loin d'ici, gamine. Va te cacher dans un endroit où il n'a jamais foutu un pied, où il ne pourra jamais te retrouver. Un endroit où ça ne peut pas arriver. L'Italie, tu aimes ? Tu sais, la Spiaggia dei Gabbiani, à Scario ? Vas-y. Attends-moi là-bas, retrouve les souvenirs de ton enfance – tu sais, quand c'était joli ? Je gère. Voilà, apaise-toi. Chut… C'est bien, tais-toi. Fais-moi confiance, je vais nous sortir de là. Ne pas résister. Ne pas contester. Le brosser dans le sens du poil – eurk. Accepter sa proximité, cette écœurante intimité, pour comprendre ce qu'il veut. Anticiper. Prévoir. Ajuster. Le calmer. Le rassurer. Si tu te calmes, il se calme. S'il se calme, tu meurs pas – peut-être. « Où sont les clés de la voiture ? » – ça y est, il a fini son affaire, il veut partir. Prends ta voix la plus douce, même si ça t'écorche la bouche : « T'inquiète, je vais les chercher. Tu sais, j'ai autant envie que toi de quitter ce champ, alors je vais les trouver, les clés… » Les trouver, ces foutues clés, les lui donner, il les réclame. On a cédé sur le pire, on exécute le reste. La seule chose qui compte, c'est qu'il quitte cette voiture. Cette putain de voiture. Alors tu fais ce qu'il faut. Et tu les trouves, bordel, les clés. Au passage, tu penses à foutre ton autoradio dans ton sac – au cas où il se tirerait avec la bagnole –, comme le seul bout de toi que tu pourrais sauver. Des années plus tard, dans une cour d'assises, on a trouvé le détail étrange. Carrément suspect même, de s'attacher à un autoradio ALORS QU'ON VIENT D'ÊTRE VIOLÉE ?! Ça aussi, on te l'a reproché. Pas lui. L'autoradio, il s'en fout. Lui, ce qu'il veut, c'est te voir à terre. Il veut l'entendre, il veut vérifier. Alors il demande : « Je t'ai fait mal ? » Mais ça, toi, tu veux pas lui donner : « Non, non, ça va. » Ouch, gamine, fallait pas… Ça l'énerve. De nouveau ce visage qui se crispe, de nouveau, ces lames dans les yeux, de nouveau, ce cou de taureau tendu vers toi, ces veines gonflées, tu pourrais presque les compter. « Ne recommence pas à me mentir… Tu sais ce que je vais te faire, sinon, tu te souviens ? » – me buter, pour faire court. Alors tu rétropédales et tu expliques. Que là, si tu n'as pas mal, c'est sans doute le contrecoup et que c'est normal. Que ton corps est engourdi par la douleur, et que c'est pour ça que tu ne sens rien. Mais que oui, bien sûr, d'ici quelques heures, quand il se réveillera, tu auras mal, c'est sûr. Promis. Juré. Craché. Un long et immonde crachat dans la gueule, voilà ce que c'est un viol. Crachat sur ton corps, crachat sur ton âme, crachat sur tes rêves.

Ça bave, ça dégouline et ça souille, un viol. Ça met du crade partout. De la boue partout. Il t'humilie, et c'est ton visage, ton corps qu'il macule de boue. Il rit parce que tu l'as cru, quand il t'a dit qu'il ne voulait que ton fric. Il rit quand tu lui dis que tu as le sida : lui, il ne te croit pas. Bien tenté, gamine, mais ça marche pas… Il rit quand tu lui donnes un faux prénom. Évidemment qu'il va prendre ta carte d'identité et tout noter, tout enregistrer. Il rit nettement moins quand il te repousse, contre la portière de la voiture : « Attends. Je veux que tu aies bien le temps de te rendre compte de ce qui est en train d'arriver. » Là, le tas de boue, c'est devenu toi. Il est en train de s'essuyer les pieds sur toi.

*

Avant le viol, c'est la moiteur du mois de juillet. L'effervescence d'une ville en ébullition un mois sur douze. Morte ou presque le reste de l'année, elle attend l'été pour ressusciter. Entre deux affiches, derrière les fanfares, juste après les parades, quand la dernière des dernières trompettes a fini, elle aussi, par se taire, surgit l'ombre d'une misère humaine qui ne demande qu'à se goinfrer de couleur et de confettis. Un mois sur douze, c'est pas trop demander, non ? Sur le pont d'Avignon, on y danse, on y danse… Sous le pont, on crève la dalle. On attend la nuit tombée pour passer les remparts et faire, un peu, partie de la fête. Se fondre au milieu de ces grappes d'artistes-touristes, agglutinés dans l'hypercentre le temps d'un Festival, incrustés dans les vieilles pierres pour quatre petites semaines. Se raconter qu'un jour, on pourra s'amuser comme eux, claquer de la thune comme eux, boire à la paille comme eux. Et si on n'a pas le droit, on le prendra. De gré, de force, on s'en fout, on s'en moque. C'est violent, la lumière tout à coup, quand on en est trop longtemps privé… Imposée de l'extérieur, concentrée sur une si petite durée, la coexistence de ces deux mondes – les gens de derrière les remparts et les gens de dedans, les locaux et les estivants – finit par devenir brutale. Féroce. Criarde comme les costumes des gardes du palais des Papes. Alors forcément, un jour, ça pète… Tous les jours, en fait. En matière de violences sexuelles, à l'époque, la ville est au sommet des hit-parades français. Mais ça, personne ne le sait. Ou ne veut le savoir. Le rideau des théâtres s'est levé pour juillet, on peut jouer à faire semblant de ne rien voir. Moi la première. Je travaille au Festival d'Avignon. Je suis hôtesse d'accueil. Je passe mes journées à sourire, mes soirées à flirter. J'ai vingt ans. Je crois que rien ne peut m'arriver.

Avant le viol, c'est la fraîcheur d'une bière joyeusement avalée, après une journée de courbettes et de totale disponibilité.

C'est l'orangé d'un soleil couchant, pas encore couché, mais un peu fatigué. La soirée va pouvoir commencer.

C'est la main de Benoît, croisée dans la mienne, sur le métal encore tiède d'une table en terrasse, rue des Teinturiers. « Je suis désolé, ma mère m'attend pour le dîner, je dois filer. Tu n'es pas garée trop loin des remparts ? Ça ira, pour le retour ? Sûre ? » Sûre. J'ai vingt ans. Je suis sûre que rien ne va m'arriver.

Après le viol, le lendemain, c'est la main de mon père que je tiens, dans des rues pavées, en revenant du commissariat. Je la serre fort, je la sens encore. J'ai dix ans quand je lui tiens la main. Je suis une toute, toute petite fille qui ne veut plus du monde des grands. J'ai dix ans depuis qu'il est sorti de ma voiture. J'ai dix ans et peut-être même moins, quand ma mère m'aide à me laver, après le viol, juste après. J'ai vingt ans, j'étais en train de m'envoler. Bien fait pour moi. Ailes coupées.

Après le viol, des mois après, le viol, c'est des bruits de pas sur un sol en damier. Je suis dans le hall du tribunal d'Avignon, mon père est là – depuis le viol, il ne me quitte pas. Dans ma tête, j'ai les bras autour de son cou. Je tourne le dos au monde entier. À la porte d'entrée, surtout. C'est par là qu'il va passer. Menotté, pour la confrontation chez le juge d'instruction. Encadré par des flics, il a été arrêté, il est aujourd'hui en prison. Sauf que moi, dans « détention provisoire », j'entends surtout « provisoire ». Je me dis qu'il doit être très, très fâché contre moi. Je lui avais promis de ne pas parler. Évidemment, j'ai menti. Ce soir-là, il avait détesté que je mente. Sur mon prénom comme sur mon faux sida : chaque fois, un poing dans la gueule. Alors là, quand j'entends des pas sur le sol en damier, j'ai la trouille. Oh, bordel, qu'est-ce que j'ai la trouille… Des pas, mon cœur bat, mon ventre se noue, ça brûle. Les pas me dépassent, ne s'arrêtent pas, je respire, ça n'est pas lui. Je ne sais pas combien de temps cette insupportable attente a duré. Mais ça a fini par être lui.

Après le viol, des mois après, c'est le gris d'un petit bureau, celui du juge. Tout petit, le bureau. Il est à un mètre de moi. Il répète, en boucle : « C'était pas moi, c'était un sosie. » Le juge, à la greffière : « Vous noterez qu'il ne la regarde pas. » Il s'agite, il s'énerve, il n'est pas bien. Moi, Poker Face. C'est la première fois que je le revois depuis cette nuit-là et il est à un mètre de moi : je pourrais le toucher… Lui, surtout, pourrait me toucher. Je fais celle que ça n'atteint pas. Cette fois, mes larmes, il ne les aura pas. Cette fois, il n'en jouira pas. Dans le petit bureau du juge, je peux lui refuser ça. Il s'énerve, il s'agite, mais moi, j'ai ce pouvoir-là. Pas une larme, pas une plainte. Penser à rester calme. Et puis on m'a dit que les juges, que les flics, n'aimaient pas trop quand les victimes pleuraient. Qu'ils savaient pas trop quoi faire avec ça. Quant à leur colère, n'en parlons pas, alors… Poker Face. Sous le bureau, ni vu ni connu, ma main attrape la veste Couture de mon avocat. Après le viol, c'est sa poche que j'ai empoignée, tordue, froissée. Surtout, me raccrocher à la réalité. M'agripper à un bout de tissu pour ne pas glisser. Ne pas retourner dans ce champ-là, dans cette voiture-là, dans cette nuit-là. Dans le petit bureau du juge, il y a une fille qui me ressemble, une bonne fille, une bonne élève qui, calmement, répond aux questions qu'on lui pose. Moi, je suis repartie là-bas.

Trois ans après, le viol, c'est la dureté du bois. Celle d'un banc, dans une cour d'assises. Celui de la partie civile. Cinq jours, plantée là, à tous les écouter parler de lui, de toi, quand seuls lui et toi étiez là ce soir-là… Mais toi, motus, bouche cousue, tu parleras quand on te le demandera. En attendant, tais-toi. Et ne bouge pas. Reste assise là, tant pis si ça te fait mal au cul. Si ce que tu entends te fait mal au cul, si ce banc te fait mal au cul. En fait, la première des sensations qui me revient, quand je replonge dans les souvenirs de ce procès, c'est que tout fait mal au cul.

Le verdict, c'est ses poings qui se lèvent vers le ciel : il est libre, il est aux anges. À sa place, je le serais aussi. À la mienne… Poker Face. Ni vu ni connu, assise sur ce banc, tout contre mes genoux, je froisse, encore : la photo de mon frère. Il n'est pas là, c'est tout ce que j'ai de lui. Je la tiens avec moi, dans ma main gauche, depuis lundi. On est vendredi. Je ne dis rien, je froisse. « Non coupable. » Blam. Ça te tombe sur la tête, ça rentre dans tes oreilles et ça fait mal. À droite, une décharge électrique : mon père vient de me broyer les phalanges.

Après le verdict, le viol, c'est un cri rauque, dans l'escalier. Tout le monde pense qu'il vient de moi, ramasse ses affaires, quitte la salle d'audience, se précipite vers le cri. Ça n'est pas moi. C'est ma sœur qui a hurlé. « Non. » Simplement « non », rageusement « non », désespérément « non ». Elle a crié à ma place. Pour moi. Moi je ne peux plus. Plus un son qui sorte de ma gorge. Ça ne sort pas, mais c'est là. C'est juste que ça ne s'entend pas. Le viol, c'est ça : un cri dedans, le silence dehors.

Silence sur la place du Palais. Pas un bruit. Il fait froid, sur cette place. Il doit être une heure du matin. On est en plein hiver, à Carpentras. Il y a des ombres dans la brume. Des silhouettes qui tournent, et tournent, et tournent. Drôle de danse, on dirait des zombies. Hagards, sonnés, ce sont mes proches, mes amis, ma famille, devant les portes de la cour d'assises. Elles sont fermées. Ne s'ouvriront plus. Le verdict est tombé. C'est fait. Ce qu'ils viennent d'entendre, ils n'y croient pas. Alors ils voudraient y retourner, tout recommencer, reprendre depuis le début, tout réexpliquer. On devait gagner, c'était sûr de sûr : un viol, ça se fait pas, un viol, c'est puni par la loi ; elle a été violée, il l'a violée ; la victime, c'est elle et le coupable, c'est lui ; la Vérité devait éclater, la Justice triompher et les Gentils, gagner. Ça gagne toujours, un gentil, à la fin, non ? Non. On a perdu. Alors on erre sur la place. Un cri dedans. Le silence dehors. Ça fait ça aussi, un viol. Pour moi, c'était comme ça.

L'anniversaire

J'ai longtemps détesté les 24 juillet. Je les ai redoutés. Jour 1 de ma nouvelle vie. Ma vie d'après. Putain d'anniversaire... Rien à faire, il arrivait quand même, ce con de 24 juillet. Ça s'appelle un calendrier, tu peux pas lutter. De toute façon, mon corps le voyait venir. Avant moi, il se souvenait et me rappelait à l'ordre, au cas où j'aurais eu envie d'oublier. Ma tête bourdonnait, je perdais pied... Je repartais : dans ce champ-là, dans cette voiture-là, dans cette nuit-là. Une fois, j'ai tenté de reprendre la main. Écrire pour ne pas glisser. Ce texte, le tout premier, a longtemps dormi quelque part sur le bureau de mon ordinateur. Je viens de le relire. Ses maladresses me font sourire. Mais je ne pourrais pas mieux dire ce que ça fait, de fêter l'anniversaire de son viol... Je n'en retouche pas une ligne.

> « 24 juillet, 22 h 40. 24 juillet 2001. Quatre ans, quarante-huit mois, mille quatre cent soixante jours. Environ.
>
> Il est toujours là. Et c'est toujours là. Putain de merde.

Comment je me sens ? Mal. C'est tout. Mal. D'un bloc, comme ça. Un mal brut, un mal stupide. Un mâle brut et stupide ? Hyperdrôle. L'humour, ça sauve, il paraît. On verra.

L'impression d'être au fond d'un trou, au fond d'un puits, un puits sans fond. D'être un puits sans fond. De me perdre au fond de moi, de tomber sans fin à l'intérieur de moi. Et je tombe, je tombe, je tombe. Et je m'appelle, pour me faire revenir, mais ça ne sert à rien, je tombe. Je me regarde tomber, je la regarde tomber. Elle a de grands yeux qui ont peur, elle a un débardeur jaune et un pantalon noir. Elle a ses longs cheveux qui tombent moins vite qu'elle. Elle me tend la main. Elle tombe et il fait noir. Tout noir dedans et noir dehors. Elle hurle mais on ne l'entend pas. Même moi je ne l'entends plus. J'ai voulu la tuer je crois. M'en débarrasser. Ce moi qu'il a détruit. Un bout de moi qui n'est ni tout à fait moi, ni tout à fait étranger. Ma vie avec, vivre avec ou le refuser. Et la rejeter, la nier, la tuer. Toujours entre les deux depuis quatre ans. C'est moi ou c'est pas moi ? Ou c'est plus moi ? J'ai changé ou je suis pareille ? Ou pareille avec un bout en plus, un bout en moins, ou un bout différent ? Je ne sais pas vraiment. Quatre ans que je me pose la question. Peut-être que je ne saurai jamais, peut-être tout ça à la fois.

Ce soir, je suis folle, j'ai les doigts qui volent, les mots qui courent. Ça se bouscule, et ça me bouscule. Le déluge, et la fureur. Je me demande qui comprendra. Je vais sans doute tout effacer. Je ne sais pas non plus.

Elle hurle et il y a quand même des petites étoiles au-dessus de sa tête. Elle a du mal à les voir mais elles sont là, et moi je les vois. Il y a un vent frais qui fait du bien, qui caresse le visage comme la main de maman quand je m'endormais. Petite, toute petite. Une toute petite fille aussi dans la voiture ce soir-là, une toute petite fille parfois encore quand ça ne va pas.

Elle hurle et j'ai de la peine pour elle. Elle hurle et je veux toucher sa main, pour la calmer. Je veux la consoler. Lui dire que, quatre ans plus tard, elle aura la vie belle. La vie sauve et la vie belle. Qu'elle aura de nouveau le goût. Qu'il ne faut pas avoir peur. Et que c'est pas sa faute. Surtout, que c'est pas sa faute. Elle savait pas.

Si loin, si proche. Elle de moi, moi d'elle. Ce 24 juillet de l'autre. Avant, un blanc, après. Comme une énorme digue que j'ai construite en cassant mes ongles, mais une digue qui aurait encore plein de fissures. Certaines, je les ai laissées exprès. Pour me souvenir. Jamais oublier. Pas le choix et puis pas le droit. Trop facile pour lui sinon. Ma rage, j'y tiens. Parce que je le hais, et que je veux le haïr. Et aussi parce que je n'y peux rien.

Des fissures exprès aussi pour voir derrière, comment c'était avant. Parce que je n'ai pas quatre ans, et que j'en ai vingt-quatre. Que je ne suis pas née de rien, et née du mal, en une heure quarante, dans une vieille 205 pourrie, dans la nuit pourrie, dans un champ pourri et sous un ciel pourri. Et parce que ça fait du bien de le savoir. Me raccrocher aux branches, et des branches solides. Regarder à travers les trous du mur, et voir des jolies choses.

C'est loin, c'est très loin. Des kilomètres derrière. Aujourd'hui, la tête haute. Des rires, des sourires, et des vrais. Un cœur qui bat fort, très fort, ou tout doucement pour me bercer. Ça dépend. Pas l'intention de m'arrêter en route. Bien fait. Une sacrée revanche.

51 semaines sur 52.

Je suis dans la 52e.

Et nom de Dieu, c'est tellement proche. Ça fait peur, et ça fait mal de voir comme c'est proche. Ça fait peur, et ça fait mal, autant qu'avant.

Je me hais d'en être encore là.

Quatre ans et chaque année c'est pareil. Implacable. Tout-puissant. Rien à faire. Chaque année je crois que c'est fini, mais ça recommence. Je connais par cœur, et pourtant je découvre. Le bulldozer avance, avance, avance… Doucement, tranquillement, toujours tout droit, droit sur moi. Je tourne la tête, je ne veux pas le voir. Je me cache. Cette année, il ne m'aura pas, il passera à côté. Je veux y croire. Mais il me broie et je ne peux pas l'arrêter, je n'ai pas les clés.

J moins 7, J moins 6, J moins 5… Dedans ça tire, ça pique le nez, tord la bouche, déborde des yeux. Les heures s'allongent, tout devient lourd. Une nappe d'huile noire, un ver qui ronge. Sans le savoir, je prends le deuil. Douleur sourde, profonde, qui monte, qui monte, qui monte.

Comme une vague. Je me noie. Les mêmes images, avec la même force. Une par une, elles m'assomment. En traître. Des coups de massue qui m'enfoncent la tête dans le puits. Toujours ce puits. Je perds pied. Cauchemar vivant, cauchemar mort-vivant. Plus de repères, plus de frontières. C'est là.

Je l'ai senti venir. Cafard vicelard. Il avance, il est tout près, il est là. J'entends encore son souffle. Je sens sa bouche. Une grosse limace qui bave. J'ai une horloge dans ma tête. Pas la peine de regarder ma montre. Il est 22 h 30, je le sens. Et il va remonter dans ma voiture. Encore une fois. Tout, et jusqu'au bout. Sauf que ça dure moins longtemps, peut-être.

Je le sens venir. J'ai envie de me prévenir. De la prévenir, pour qu'elle n'ouvre pas sa porte. Pas cette fois. Ou refaire le film et changer la fin. Sauf que je ne peux pas. Et je lutte, je lutte, je lutte. Mais c'est perdu d'avance. Maintenant, il est là. Le fantôme finit toujours par gagner. Me terrasser. Un moment. Je pleure. Et puis je hurle mes pourquoi, je hurle de rage, et je ne comprends toujours pas. Jusqu'au 25, où je reprends vie. Et tout se calme. Accepter que la blessure ne se referme jamais. »

Année après année, les 24 juillet sont passés. Entre chacun d'eux, j'ai récupéré mes peaux. L'une après l'autre, comme des pelures d'oignon. Aujourd'hui, je ne les redoute plus. Je préfère juste les 23 et les 25. Voilà tout.

Dire

Un jour, mon frère est mort. Avec un sens assez aigu du timing : on était à l'avant-veille du procès. Même un scénariste lourdingue n'aurait pas osé. C'est tout le problème, avec les accidents : ils arrivent rarement au meilleur moment de la trame narrative. Mais ils arrivent. Donc un jour, mon frère est mort. C'est brutal, douloureux, incongru/imprévu/impensable/impossible, le choc vous scie les pattes, la tristesse vous plombe le bide, mais ça ne vous coupe pas la langue. En tout cas, moi, je n'ai jamais eu aucun mal à le dire. « Mon frère est mort » : je n'adorais pas l'info, mais les mots, en eux-mêmes, glissaient tout seuls. Je savais qu'ils seraient globalement bien réceptionnés : écoute immédiate, empathie spontanée, une main sur la mienne voire une épaule pour pleurer. Avec le viol, c'était nettement moins clair. J'avais morflé aussi. Je n'y étais pour rien non plus. J'ai eu quelques mains – précieuses, les premières – sur la mienne… Mais j'ai pris la plupart dans la gueule. Sans que je comprenne bien pourquoi, au départ.

D'abord, il y a un problème avec le mot « viol ». « Mort », c'est pas terrible, certes. Mais on peut dire « perdu », et c'est presque joli : il s'est égaré quelque part, c'est ballot ; il pensait à autre chose, le nigaud ; mais bon, peut-être qu'un jour il retrouvera son chemin, comme le Petit Poucet, allez savoir… Alors que « viol », ça fait pas franchement rêver. Aucun conte de fées ne déboulera jamais à la rescousse de ces quatre lettres pour les sauver de la fange. Aujourd'hui encore, pour moi, elles s'y vautrent. Quand je suis censée lire, comme vous, « violence urbaine », « il joue du violon » ou « les volets étaient violets », je lis : « VIOLence », « VIOLon » ou « VIOLet », voyez ? Le mot même me saute aux yeux. Avant il me sautait presque physiquement à la gorge. Un peu plus, et il m'étranglait. Le prononcer, c'était comme faire sortir une couleuvre de ma bouche : dure à avaler, elle n'était pas plus simple à exfiltrer. Partant du ventre, te remontant dans l'œsophage, brûlant quelques muqueuses au passage, elle finit toujours par t'arracher la gueule. Quand elle sort, tu vomis. Après, t'étonnes pas que les gens aient des haut-le-cœur en l'entendant. Forcément, au bout d'un moment, tu retiens. Tu dévies. Tu euphémises. Tu dis : « J'ai été agressée. » Ça reste moche, avec ce « gr » qui râpe… Mais ça passe mieux. Techniquement, tu glisses d'une cour d'assises à un tribunal correctionnel, et d'un crime à un délit : c'est moins impressionnant pour tout le monde, alors tant pis pour la rigueur, tant pis pour le Code pénal. Longtemps, cette pirouette de vocabulaire m'a protégée de la réalité, de ce qu'il m'était arrivé, et du regard des autres. Je ne suis pas la seule, il paraît. Des années après, j'ai su qu'à Viols Femmes Informations[1], ligne d'écoute à destination des victimes de viol, tout le monde avait été briefé. Celles qui décrochaient devaient prononcer le Mot Affreux en premier. Facile, c'était dans le titre : « Viols Femmes Informations, bonjour… » Celles qui appelaient n'avaient plus qu'à dérouler. Malin, non ? Ce qui est sûr, c'est que ça sauve. Dire, ça sauve toujours, à l'arrivée. Mais au départ, réussir à prononcer les mots mêmes « j'ai été violée », c'est comme gravir l'Everest, à l'intérieur de soi. Alors vaut mieux être aidée – une corde par-ci, un piolet par-là, et grimpe, gamine, n'aie pas peur, t'es pas toute seule, grimpe, regarde là-haut, on t'attend, tu nous vois ? Si on n'avait pas pris le temps de me poser la question, si certains n'avaient pas eu le courage d'entendre ma réponse, je me demande encore si j'aurais jamais eu celui de parler. Et si les tout premiers à qui je l'ai dit ne m'avaient pas instantanément crue, je me serais définitivement tue.

J'ai trouvé ces putains de clés – et je sais toujours pas comment le petit bonhomme en silicone vert a pu atterrir sur la plage arrière. Je les lui ai données. Il a enclenché le contact et la voiture a démarré. Enfin, on quitte ce champ. En sens inverse, le chemin de terre. Au loin, à nouveau, de la lumière : celle de la ville, au-delà des remparts. On roule en silence. Cinquante mètres, cent mètres, peut-être deux cents, maintenant… J'ai mal partout, mais je m'accroche à chaque petite loupiote. Elles dansent, tout au bout de la route. Je me raconte qu'elles dansent pour moi, pour me donner du courage, celui d'arriver jusqu'à elles. On passe encore cinquante mètres, encore cent mètres, encore deux cents, il ne dit toujours rien. Les lumières se rapprochent et j'imagine la vie autour d'elles. Elles éclairent la sortie d'un théâtre, une ruelle où on se refait les dialogues, une place où on dîne encore – je les ai laissés à l'entrée, ils doivent en être au dessert. On roule toujours. Je suis toujours enfermée dans ma vieille 205 avec celui qui vient de m'y violer. Celui dont je ne sais pas encore si les plans sont de me laisser en vie ou pas – difficile de deviner, il serre les dents. Sur ma gauche, pas un mot, pas un bruit, alors je regarde devant. Les lumières me tendent la main. Dans ma tête, elles meublent le silence : allez viens, gamine, c'est bientôt fini ; si tu fais pas de conneries, bientôt, il sera parti ; si tu te tiens tranquille, si tu ne l'énerves pas, bientôt, tu seras chez toi. Gaffe, il se remet à parler. S'il te pose une question, sois bonne sur la réponse, hein ? Cherche pas à faire la maligne, cette fois : tu veux sortir de là ? Tu lui donnes ce qu'il veut entendre. Mon cerveau à mille à l'heure, j'anticipe tout… Sauf ce qui suit. Des badineries. De la conversation mondaine. Il parle de tout, de rien. Visiblement, il a passé un bon moment, alors il blague avec son rencard du soir – moi. Je sais que je dois rire à ses blagues, alors je pousse le rire dans ma gorge. Ça sonne (très) faux, il s'en contrefout, alors j'en profite. Relax Max, je fais comme lui, je la joue détente : « Dis-moi, comme j'ai encore un peu de lacrymo dans les yeux, je n'y vois pas très bien… Ça t'embête de me laisser sur le parking où on s'est rencontrés ? » J'ai dit « le parking où on s'est rencontrés », plutôt que « cette saloperie d'endroit où tu m'es tombé dessus et où tu me l'as faite à l'envers » : j'ai supposé qu'il préférerait. La vérité, c'est que je n'y vois vraiment plus rien et que je ne suis pas sûre d'être en état de conduire. Quitte à être sortie de ce champ, ce serait vraiment trop bête de m'en tenir là avec la vie. Je crois qu'il peut me rendre ce petit service – ça ferait pas très cher payé le viol, je trouve. Mais ça l'énerve. J'aurais dû le savoir, depuis le temps – une heure quarante environ –, il déteste quand je prends le début d'une initiative. Il braque, à droite toute : « Espèce de petite conne, je vais te laisser dans un endroit où tu pourras pas crier. » Et merde. C'est reparti. On est repartis dans le noir. De nouveau, on a les lumières dans le dos. Dire que j'étais à deux doigts… Fini. *Game over*. C'est maintenant. Ça va se passer là. C'est là qu'il va me tuer. « Tu ne pourras pas crier… » Quelle conne, mais quelle conne ! J'en pleurerais, si je n'étais pas furax contre moi. Il pile net. Point mort. Se tourne vers moi – c'est drôle, maintenant, il a presque une tête normale : disparu, le cou de taureau ; évanouies, les veines que je pouvais compter ; introuvables, les maxillaires démesurés et même envolés les petits yeux tout noirs de rat… « Je te fais ton demi-tour ?

— Euh…

— Ta manœuvre, je te la fais ?

— … Oui, d'accord. »

Pour le coup, je suis complètement larguée. Je ne maîtrisais rien depuis le début, mais là, je comprends encore moins. Il fait mon demi-tour. Coupe le contact. Sort de la voiture. Claque la portière. Se penche à la fenêtre une dernière fois : « Bon, ben, sans rancune, hein ? » Il sourit, l'enfoiré. Il s'en va. Comme ça. Même pas pressé, John Wayne : les mains dans sa veste de jogging, pépouse, il s'évapore dans la lumière d'un réverbère… Et puis il n'est plus là. Je suis de nouveau seule dans cette voiture. Il m'a fallu quelques secondes pour en être certaine. À peine plus pour sauter du siège passager au siège conducteur et, à mon tour, enclencher le contact. Enfin, je reprends le volant. Fracassée, des crevasses dedans, des bleus dehors, les yeux brûlants et la vue floue, mais au volant.

Je ne sais pas vraiment où je vais. Les remparts, c'est ce que je vise. Je passe dessous, bifurque à gauche, au pif. Quelques dizaines de mètres encore, et voilà Richard. J'ai failli le renverser, il a tendu sa paume vers moi pour que je m'arrête. Richard. Serveur dans un restau dont je squatte souvent la terrasse. Il me connaît. Je le connais. On rigole beaucoup, tous les deux. Et je respire un peu mieux. Je ne sais pas si j'ai, face à moi, le spectre ironique de ma vie d'avant, le cadeau d'un dieu auquel je n'ai jamais cru, ou juste un mec qui tombe à point nommé. La bonne personne, c'est certain. Il s'approche et blêmit à me voir – je dois avoir une tête bizarre.

« Ça va ?

— Oui.

— On t'a fait du mal ?

— Oui.

— Tu as été violée ?

— Oui. »

Je ne sais pas non plus par quel hasard prodigieux cette question a pu sortir de sa bouche… Mais elle est sortie. Et j'ai répondu « oui ». J'étais incapable d'aller au-delà d'un monosyllabe, mais je l'ai dit. La suite, les heures, les mois, les années qui ont suivi se sont joués sur ce « oui ». À partir du moment où il est prononcé, même une seule fois, il devient extrêmement difficile de faire machine arrière. Que serait devenue ma vie sans l'aménité des serveurs, sans mon aptitude à squatter en terrasse, sans le soleil de juillet qui prolongeait mes squats, sans cette volubilité congénitale qui me ferait beaucoup rigoler même avec une plante en pot ? Je me le suis longtemps demandé. Je ne le saurai jamais. Mais quand je repense à cette nuit-là, Richard est toujours la première personne que je remercie. Parce qu'il n'a pas eu peur de ma réponse, il m'a posé la question. J'ai répondu, il m'a crue. C'est tout bête, hein ?

Il pose son plateau sur une table. Doucement, il me demande d'ouvrir la portière. De lui laisser les clés, de rester là, de l'attendre. Il gare ma voiture à quelques mètres, me conduit à l'intérieur de son restaurant. Il faut que je me passe de l'eau sur la figure, que j'enlève toute cette lacrymo. Accoudé au comptoir, un client me fixe – je dois *vraiment* avoir une tête bizarre. Je ne supporte pas le regard de cet inconnu sur moi. Je me tends, je me crispe. Richard comprend, fait sortir le client. Toujours doucement, Richard. Et puis il me dit : « Il faut que tu appelles tes parents. » J'étais censée rentrer chez eux ce soir-là, il le savait. Je refuse. J'ai peur. Je les connais, ils vont sauter dans leur voiture, la boule au ventre, conduire comme des dératés, il fait nuit, Aix-Avignon, c'est pas rien… Je leur dirai demain. Richard insiste : « C'est tes parents, faut qu'ils sachent, faut qu'ils viennent… Tu vas faire quoi, là, sinon ? » Ah oui. Je vais pas pouvoir rester toute ma vie plantée derrière le comptoir de Richard. À un moment donné, je vais devoir mettre un pied devant l'autre. Je me laisse guider jusqu'à la cabine téléphonique – c'est l'instant vintage de l'histoire. J'y entre. Richard, adossé à la vitre : « Je te préviens : je ne bougerai pas tant que tu ne le leur auras pas dit. » Je prends le combiné, appelle mes parents. Ma mère décroche. Maman… « Maman je ne vais pas rentrer ce soir, j'ai eu un petit souci. » Ma mère, tout de suite : « Tu as été violée ? » Décidément, c'est une manie… Si c'est ça le sixième sens maternel, le sien est gigantesque. Évidemment, à elle aussi, j'ai répondu oui. Trois petites lettres, O.U.I., c'est facile. Presque facile. Alors j'ai pu le dire à nouveau, pour la deuxième fois en moins d'un quart d'heure. C'est étrange, mais ce qui me semble parfaitement nébuleux à ce moment-là fait immédiatement sens pour ceux à qui j'en parle. Moi, je flotte. Eux prennent la réalité en pleine gueule. Comme si eux comprenaient mieux que moi ce qui m'était arrivé. Mais c'est ça : eux comprennent bien mieux que moi ce qui m'est arrivé. Pas de discussion possible : « Va chez Maïté, on arrive » – parfois, on aime l'autorité maternelle. Maïté, c'était l'amie de ma mère qui m'hébergeait le temps du Festival, quand je ne rentrais pas chez mes parents. Je raccroche. Je vais y aller. J'ai peur d'y aller. Peur de quitter Richard et de me retrouver de nouveau seule dehors. Dans mon cercle d'amis festivaliers, on me trouve un garde du corps. Sur le chemin qui me reste à faire, avant l'arrivée de mes parents, je me répète à voix basse : « Il ne va pas me bousiller la vie, il ne va pas me bousiller la vie, il ne va pas, etc. » *Ad lib.* Je l'avais décidé, la vie allait s'y plier. Je ne mesurais pas, à ce moment-là, à quel point, entre elle et moi, la lutte serait âpre : j'étais novice en viol.

*

Le viol est une déflagration. La première, celle qui déclenche les hostilités. Il est, en lui-même, une déclaration de guerre. Parce qu'il t'a prise pour cible et qu'il a voulu te détruire. Parce que tu pourrais bien terminer le boulot, achever ce qu'il reste de toi, encouragée par le monde autour à ne jamais te relever. L'après-viol est un combat entre toi et toi, tes croyances, ta culpabilité, ta honte – et celles que te renvoie la communauté, au cas où tu n'en aurais pas assez. Ces ennemis-là, il faut du temps, beaucoup de temps, pour apprendre à les repérer. Voire, pour tirer à vue si nécessaire. Aux aguets toujours, et de trêve, jamais : cette guerre-là est de chaque instant. Et le mot « viol » suffit à recharger le canon. Quand les choses ne se passent pas trop mal pour toi, après un certain nombre d'années, tu sais te protéger : tu parles à mots comptés, à des personnes choisies, dans des contextes bien précis. Si ça ripe, tu sors la kalach. Mais quand ça vient de t'arriver, tu sors surtout les rames. Tu ne vois pas les coups venir : touchée, coulée.

J'ai vingt ans et, dans mon monde à moi, il y a ceux qui font du mal et ceux qui ont mal. Les premiers, on les condamne. Les seconds, on les console. Point. Dans mon monde à moi, les violeurs font du mal. Leurs victimes, on les console. Sans ambiguïté, sans hésitation, sans discussion possible. Dans mon monde à moi, les frontières sont étanches. Et j'ai les pieds au sec, bien plantés dans la terre ferme. Ma colonne vertébrale est une certaine idée de la justice, aussi noble qu'utopique : je me tiens bien droite. Depuis toute petite, ce monde-là m'est raconté, principalement, par mon père, du genre assez vertical comme mec. Quand le sol tangue, quand les contours se troublent, il me le redessine, alors tout redevient clair. Un soir où, voulant trouver un sens au non-sens, tentant de remettre de l'ordre dans le chaos, je cherchais surtout ma faute, à coups de « ça, je n'aurais pas dû » et de « si j'avais plutôt », le paternel vertical m'a stoppée : « La culpabilité n'est pas une réalité extensible à l'infini, tu sais… (Mon père parlait *vraiment* comme ça.) C'est une masse, déterminée dans le temps et dans l'espace. Donc automatiquement, plus tu te charges, plus tu le décharges. Tu veux vraiment lui en enlever, de la culpabilité ? » Ah non, ça, plutôt crever. Merci, papa : logiciel interne nettoyé, cerveau rebooté, un pied devant l'autre, je remarche à l'endroit, à nouveau verticale, sur une belle ligne horizontale. Ça a du bon, la physique, parfois… Le paternel est physicien. Cartésien, il l'est jusque dans la douleur. Pétrie de ces théorèmes-là, je risque le nez dehors, confiante. Naïvement persuadée que le langage paternel est une langue universelle, je parle. Oubliant que le monde marche, lui, sur la tête, je dis. Pour intégrer que *ça* s'est vraiment passé, je parle. Pour qu'on me tienne chaud, je dis. Une à une, il a arraché toutes mes peaux. Un à un, mes filtres sont tombés avec elles. Sans filet, sans protection, à cœur béant, je raconte, je raconte, je raconte.

Quand j'ai une panne de réveil, le lendemain matin, j'appelle le Festival et je raconte. J'ai passé une partie de la nuit à l'hôpital, j'explique pourquoi. Bonne fille, je veux juste prévenir de mon retard. Bonne élève, je veux qu'ils sachent que j'ai une vraie raison pour que ma guérite n'ouvre pas à 9 heures pétantes. Plantée toute droite avec mes pieds au sec, je ne vois pas le terrain glissant sur lequel je m'engage. Je n'imagine pas un instant que la boue dont je me sens maculée, personne ne voudra risquer d'en être éclaboussé. Encore sonnée de la veille, vaguement cotonneuse à cause du premier Lexomil jamais pris de ma vie, je ne me rends surtout pas bien compte de ce que je balance. J'anticipe à peine la vitesse avec laquelle l'info va tourner. Donc j'hallucine quand je vois Big Boss débouler, un bouquet de fleurs à la main, sur ma petite guérite, place du Palais-des-Papes. Plein de sollicitude, il sourit, serre mes mains, incline la tête sur le côté, et me demande : « Mais Giulia, comment ça se fait ? Je veux dire : pardon, mais comment vous vous êtes démerdée ? » Gargl. J'avais pas prévu la question. Je bafouille, il précise – au cas où en plus du reste, j'en serais ressortie avec une lobotomie : « Comment se fait-il qu'il se soit retrouvé dans votre voiture ? » Ben euh… Parce qu'il m'a demandé de l'emmener à la gendarmerie. Parce qu'on lui avait volé sa voiture. Parce qu'il avait vraiment l'air en galère. Qu'il m'a dit « vous, si vous étiez dans la merde, vous aimeriez bien qu'on vous aide » et que ça, oui, c'est vrai : j'aimerais bien qu'on m'aide si j'étais dans la merde. Alors j'ai ouvert ma portière. « Oui, mais enfin, pourquoi avoir accepté de l'aider ? Avec ce qu'il vous a fait… » Ah mais oui, dis donc ! Pourquoi avoir aidé un violeur ? Faut quand même être un petit peu tordue, non ? Sauf à imaginer – hypothèse audacieuse, néanmoins intéressante – qu'il n'y ait pas eu marqué « violeur » sur son front. Et que Big Boss, le jour où il a filé un coup de main à un inconnu dans la rue (ce que je lui souhaite), il a surtout eu de la chance de ne pas se retrouver avec un coup de surin dans le bide. Aujourd'hui, pour moi, c'est une évidence. D'ailleurs, tous ceux qui me demandent un coup de main à un feu rouge peuvent aller se faire cuire le cul – pardon pour ceux qui sont vraiment dans la merde. Mais à l'époque, ce matin-là, le lendemain de cette nuit-là, sur ma petite guérite, je suis sans voix. Boum. En plein dans le mille. La boîte à « pourquoi ? » peut se rouvrir. Ils n'attendaient que ça, ils ont à nouveau le champ libre pour danser dans ma tête : et pourquoi j'ai garé ma voiture à l'extérieur des remparts ? Et pourquoi je n'ai pas demandé à Benoît de me raccompagner ? Et pourquoi j'ai ouvert la portière de ma voiture ? Ils me donnent le tournis – et la nausée avec. Écœurée, dégoûtée par moi-même. Parce que, au fond, la question qui me taraude, c'est bien « pourquoi moi ? ». Et que la réponse la plus simple, la plus directe, c'est qu'il y a, forcément, un truc qui tourne pas rond chez moi. « Elle l'a bien cherché. » Cette phrase-là, moi aussi je l'ai entendue. Souvent. Presque mécaniquement rattachée au mot « viol », elle le suit en général de près. Ce matin-là, elle est pour moi. Et elle me revient en pleine tête.

Big Boss me tend son bouquet de fleurs : « Remarquez, moi aussi, si j'avais eu vingt ans de moins, j'aurais bien tenté de vous séduire. » Il sait, pourtant : le cutter, les coups, le commissariat... Il a tout. Mais pour lui, ce qu'il s'est passé est une tentative de séduction qui tourne plus ou moins bien. Franchement, j'aimerais pas être son plan cul, à Big Boss. Avec un peu (vingt ans) de recul, c'est assez net. Ce matin-là, il a surtout mis du flou dans ma tête. Grâce à lui, le monde joliment dessiné par mon père a commencé à vaciller. Pour être honnête, il s'était écroulé la veille. Ses lignes se sont brisées, ses frontières, brouillées, instantanément et pour longtemps, à partir des yeux de rat. C'est juste que, grâce à Big Boss, je commençais à m'en rendre compte.

À sa décharge, Big Boss n'est pas un flouteur isolé. Il a juste été le premier. Son « j'aurais tenté moi aussi de vous séduire » est, en réalité, assez proche du « c'est ça d'être trop jolie », balancé au téléphone, quelques semaines plus tard, par une copine de lycée. Juste après, elle a raccroché. Tut, tut, tut, ça sonne dans le vide. Un vide plein de confusion, qui m'aspire, où tout se mélange, le sexe et la violence, la séduction et le viol, les coupables et les victimes. Un monde où le joli est suspect, où il en devient laid. À cause d'elle, j'ai longtemps détesté qu'on me trouve jolie. À cause d'une autre, j'ai compris la vie : « Ben comme ça, t'arrêteras de croire que tout le monde il est beau, tout le monde il est gentil. » Génie. Quant au « arrête, s'il te plaît, c'est vraiment trop dur à entendre », d'une troisième… Je lui dois d'avoir entamé un processus de réflexion qui, à terme, me conduirait à penser qu'il serait temps, éventuellement, un jour ou l'autre, si je voulais garder un tout petit peu foi en l'humanité – et un chouille d'amour-propre au passage – de songer peut-être à fermer ma gueule. Et à mettre des pantalons. Ça, c'est grâce à un psy. Celui que j'ai été voir, à la rentrée de septembre. Après m'avoir gravement rappelé que « les gens, pendant la guerre, ils sortaient dans la rue, même s'ils avaient peur des bombardements », il a brillamment conclu : « Vous auriez sans doute moins peur si vous vous habilliez de façon moins provocante. » Merci. Ça vous fera 80 euros. Pour une demi-heure de réflexions de comptoir, il s'en sort bien, Sigmund.

*

Heureusement pour mon inconscient, je suis tombée sur une psy légèrement plus subtile quelques mois plus tard. Avec elle, avec les miens, avec mes proches, et avec les années, j'ai pu me remettre à la verticale et coucher les flouteurs à l'horizontale. Aujourd'hui, mes « pourquoi ? » sont pour eux. Comme dans : « Mais pourquoi vous est-il si compliqué de recevoir la parole d'une victime ? Pourquoi votre cerveau se met-il à bugger à l'instant même où vous entendez le mot "viol" ? Êtes-vous donc si fragiles que quatre toutes petites lettres peuvent à elles seules vous ôter toute possibilité d'empathie ? Qu'est-ce qui vous passe par la tête pour qu'au plus basique des "comment tu te sens", on préférera toujours un "comment tu t'es démerdée" ? Honnêtement, cette satanée question, la poseriez-vous à quelqu'un qui vient d'être cambriolé ? » Non. La réponse est non. Jamais on ne demanderait à la victime d'un cambriolage si, franchement, elle n'est pas un *tout petit peu* responsable de ce qui lui est arrivé. Si au fond, son cambriolage, elle ne l'a pas un *tout petit peu* cherché – voire désiré. Et si, d'ailleurs, il s'agit réellement d'un cambriolage, parce que peut-être qu'elle exagère un *tout petit peu*, après tout… Non. Bien sûr que non. On ne lui dirait pas, on n'y penserait même pas. On la plaindrait et on réprouverait le cambrioleur. L'intrusion dans une propriété privée, c'est clair pour tout le monde : ça ne se fait pas. Mais le corps des femmes n'est pas une propriété privée. Dans les faits, dans le fond, il ne leur appartient toujours pas. En théorie, dans les textes de loi, elles peuvent. Faire l'amour et tomber enceintes quand elles le veulent. Prendre la pilule ou avorter si elles préfèrent. Sauf qu'on n'efface pas des millénaires d'histoire en cinquante ans de féminisme. Mises sous tutelle depuis cette sombre histoire de pomme, toutes les filles d'Ève le savent. Elles l'ont intégré dans leur chair et peuvent le vérifier tous les jours. Qu'elles portent un string, un voile ou une perruque, leurs tenues seront toujours commentées et leurs silhouettes évaluées – à coups de sifflet les jours fastes. Les corsets ont beau avoir sauté, elles restent étroitement surveillées. C'est qu'il faut la tenir, la bête… Manipulatrice, menteuse, rusée, séductrice, tentatrice et pécheresse, elle porte en elle le Péché Originel. La faute, chez elle, est une seconde nature. À cause d'elle, tout a foutu le camp : Adam s'est pris un coup de pied au cul, elle a joué, il a perdu, bye bye le jardin d'Éden. Depuis, Adam erre. Depuis, Adam cherche la lumière. Mais Adam, le pauvre, fait surtout ce qu'il peut. Face à la Femme, l'Homme se débat, il se bagarre. Contre ses démons, contre ses pulsions. Il a la maturité sexuelle et affective d'un chiot, alors parfois, il fait des bêtises – mordre le cuir du canapé, faire pipi sur la moquette et mettre sa bite n'importe où. Nos textes sacrés, notre littérature, et donc notre mémoire collective sont articulés sur cet équilibre-là – la Femme faute, l'Homme s'égare : gare à qui le fait trembler. Inverser le questionnement, demander des comptes au violeur plutôt qu'à la victime, c'est renverser l'ordre établi, bouleverser une grille de lecture millénaire, revenir sur une éternité de domination masculine. Et ça, pardon, mais c'est beaucoup trop fatigant : l'esprit humain étant plutôt flemmard par nature, on préférera donc me demander pourquoi j'ai ouvert la portière de ma voiture, plutôt que de lui demander, à lui, pourquoi il a voulu monter dedans. S'étonner de ce que je me sois garée à l'extérieur des remparts plutôt que de s'interroger sur ce qu'il foutait là, avec quelle idée en tête, et pourquoi. On a les indignations qu'on veut. On les choisit. Notre réservoir à scandale n'est pas extensible à l'infini – mon père aurait pu la faire, celle-là… Puisez dedans pour blâmer celle qui porte une minijupe, il vous en restera toujours moins pour condamner la main qui s'y est engouffrée sans être la bienvenue. Au passage, les victimes prennent double peine : fracassées par le viol, on les achève si elles en parlent. Elles le comprennent très vite : on les préfère mortes ou muettes. Au passage, mécaniquement, on protège les agresseurs. On dédouane les violeurs. On couvre les harceleurs. Au bout du compte, le viol reste le seul crime où les victimes se sentent coupables et où les coupables sont convaincus d'être innocents. Comme quoi, il suffit d'une toute petite lettre pour que ce monde marche sur la tête.

De « viol » à « vol », il n'y a qu'un « i », mais il change tout. Personne n'aimerait être cambriolé, mais tout le monde sait qu'on s'en remet. Le viol, lui, véhicule ce qu'il faut de terreurs enfouies pour qu'on n'ait qu'une envie, à sa seule évocation : se barrer, et le plus loin possible. Se planquer, et le plus vite possible. Lui claquer la porte au nez, et, ce faisant, verrouiller l'entrée à la porteuse de mauvaise nouvelle, celle qui vous rappelle que *ça* existe, que *ça* arrive, et que, potentiellement, *ça* vous guette. Le viol glace de peur et la peur fige : le début d'une pensée qui tienne à peu près la route et l'élan d'humanité minimale qui vous ferait ouvrir les bras à n'importe quelle autre victime. Au cambriolé, on ne demandera jamais pourquoi, tout à coup, il n'a pas pris un marteau dans sa boîte à outils, pourchassé le voleur en pleine rue, pourquoi il ne l'a pas rattrapé, pourquoi il ne lui a pas fait gicler la cervelle. Moi, on m'a posé la question : « Mais pourquoi tu t'es pas tirée ? Nan, mais tu vois, au moment où il sort de ta voiture, là, quand il te demande de le suivre, eh ben, tu remets les clés dans le contact, tu appuies sur l'accélérateur, et tu te casses ! » Certes. En pleine nuit. Au milieu de nulle part. Avec de la lacrymo dans les yeux… Évidemment, c'était impossible. Évidemment, à partir du moment où on croise la route d'un prédateur, on est foutu. Tout le monde le sait, en réalité. Mais personne n'a très envie d'admettre que c'est juste une histoire de mauvais endroit et de mauvais moment. Pas mégaconfort, comme idée… Rejeter la faute sur les victimes, penser qu'elles ont merdé, à un moment ou à un autre, c'est tout de suite plus peinard : on pourra se faire croire qu'on a la panoplie antiviol. Que celles à qui c'est arrivé ont forcément déconné. Et qu'il suffira de ne pas faire les mêmes erreurs pour que ça n'arrive pas. Elles, moi, on acquiesce. Douloureusement, mais on acquiesce. Si c'est arrivé parce qu'on a merdé, c'est qu'il y avait une issue possible. Qu'on l'a mal joué, mais qu'on avait encore la main. Qu'on est donc restées, jusqu'au bout, des sujets. Et que de ce statut-là, on n'a jamais déchu. La vérité, bien plus terrible, est celle-ci : nous avons, j'ai été réduite, même l'espace de deux heures, à l'état d'objet. Niée comme individu pensant, désirant… Et ne désirant pas. J'ai dit « non » et je n'ai pas été entendue. Pas écoutée. Piétinée. Tous les enfants du monde se construisent en disant « non ». Vingt fois, cent fois par jour. À faire péter un plomb aux adultes qui s'occupent d'eux, à part le psy qui leur rappelle que c'est très bon signe. Qu'un enfant qui dit

« non » est un enfant qui s'affirme comme sujet. Que ce « non » est la particule la plus élémentaire de son identité. La mienne – la nôtre – a été bafouée. Mon identité – notre identité de sujet – n'est pas inaliénable. Vous, moi, vos sœurs, vos mères, vos amoureuses, vos enfants, personne n'est intrinsèquement inviolable. Et c'est bien ça qui fout les jetons. Qui brouille la vue, bouche les oreilles, obture le cerveau. Même quand on est en première ligne. Surtout quand on est en première ligne. J'ai été violée. Et j'ai été victime. Aujourd'hui, je l'ai admis. Entre-temps, j'ai changé de vocabulaire. Je ne dis plus « je me suis fait violer », mais « j'ai été violée ». Parce que je n'y suis pour rien. J'ai mis du temps, mais aujourd'hui, je le sais.

Pause

La boulette. Je n'aurais pas dû. J'ai vu ce film et je n'y arrive plus. Me lever, quitter mon bureau, aller sur le balcon fumer une cigarette, revenir à mon bureau, m'asseoir, me relever, étendre le linge, vider le lave-vaisselle, fumer une autre cigarette, faire un tour sur Twitter, éteindre ma cigarette, retourner m'asseoir, ouvrir ma boîte mail, fermer ma boîte mail, écrire un début de phrase, l'effacer, recommencer, allez pépette, encore un effort, et t'arriveras au bout de ton paragraphe – mais du coup, je pourrais peut-être me fumer une cigarette avant, non ? Ma stratégie de contournement fonctionne à merveille : je n'avance pas d'une ligne. J'enrage. Je me croyais plus forte que ça. Au moment où j'ai commencé ce livre, j'en étais persuadée : j'étais prête. J'avais assez pleuré, assez crié, et réfléchi ce qu'il fallait, pour ne pas retomber dans le trou. Vingt ans après, je pouvais triturer la plaie, elle ne saignait plus. Les premières pages, d'ailleurs, sont venues toutes seules : j'ai pu écrire le viol, la limace, le rat à moustaches... Difficilement intégrés, lentement digérés, ces souvenirs-là ont été expulsés sans peine – et même, avec une jubilation certaine. À côté, le commissariat, le tribunal, l'hôpital, franchement, c'était pas grand-chose. Qui a supporté l'extraction d'une dent de sagesse sourira pendant son détartrage : je vais pouvoir raconter l'après-viol, finir de me détartrer, et puis sourire avec de nouvelles dents toutes blanches. Je suis sortie de la voiture, Richard m'a fait appeler mes parents, je suis rentrée chez Maïté. J'en suis là. Le récit est chronologique, mes souvenirs sont intacts, y a plus qu'à. J'ai mon début, j'ai ma fin : je suis sereine. Dans quelques jours, j'aurai terminé et toute cette saloperie sera définitivement derrière moi. J'enchaîne les chapitres et j'en suis convaincue. D'où la soirée télé : une coupure méritée. D'où la boulette : un coup d'arrêt pas anticipé.

J'ai vu passer, sur Twitter justement, l'annonce d'un documentaire disponible en *preview*, sur le site d'Arte. Son titre a fait tilt : *Elle l'a bien cherché*. Je viens tout juste de taper cette phrase moi-même : dinguerie. Le hasard est beaucoup trop joueur – et moi aussi : j'y jette un œil. Bientôt, j'y rive les deux. Happée. Le film de Laetitia Ohnona est implacable. Du commissariat au tribunal, on suit les parcours de quatre victimes de viol. Quatre femmes soumises aux questions sans tact des flics, aux commentaires graveleux des suspects, au regard impitoyable des jurés. J'aurais pu être l'une d'entre elles. Parfaitement pu. Tragiquement pu. Les similitudes me sautent au visage et je percute : en vingt ans, rien n'a changé. Ou si peu. Générique de fin. Fermer la fenêtre dans Firefox. Ouvrir mon document Word, me remettre à écrire… Je ne peux pas. Je n'y arrive pas. Il y a cette boule, maintenant, qui coince mes mots, au bout de mes doigts. Je ne sais pas si c'est de la colère, du désespoir, mais plus rien ne sort, à part « à quoi bon ? ». À quoi bon écrire puisque rien ne bouge ? À quoi bon dire, quand tout le monde, ou presque, préfère ne rien entendre ? Je l'ai fait, déjà. Fouiller tout au fond de moi ; retourner dans ce champ-là, cette voiture-là, cette nuit-là ; exhumer ce que je peux avoir de plus secret, et de plus douloureux ; me faire violence, une fois, dix fois… Pas le choix. C'est le prix à payer si tu veux qu'il soit condamné. Raconter, et raconter encore. Répondre aux questions, décrire, expliquer, et répéter sans fin. Mais fais gaffe, gamine : chacun de tes mots pourra jouer contre toi – et tes silences aussi. Alors tu remues la merde, mais pas trop. Tu racontes, mais doucement. Et choisis bien les termes que tu emploies. Rigoureux, précis, justes : il faut que le message passe. Que les Gentils gagnent et que les Méchants perdent. Que le monde remarche à l'endroit, que ta vie reparte tout droit.

Au départ, c'était l'idée de ce livre. Reprendre la route, depuis la sortie du parking. Refaire le chemin de mes mots, le champ où je les avais criés, le commissariat où je les avais déposés, et puis le petit bureau du juge d'instruction, et puis le banc du tribunal qui fait mal au cul. Chaque étape sagement suivie, et chaque fois, mon récit scrupuleusement consigné. De l'une à l'autre, pendant trois ans, je l'ai trimballé. J'avais porté plainte, alors, consciencieusement, j'ai répondu aux flics, aux juges, aux avocats. Tant pis si ça fait mal, c'est pour mon bien que ça fait mal. On me l'a dit, et moi j'y crois. Mais je me goure. Complètement. C'était pour rien, en fait. Pour rien, ce calvaire exigé par la machine judiciaire, accepté par la victime qui veut bien faire. Pour rien. « Acquitté. » De tous, ce mot-là est le plus difficile à digérer. Et je sais qu'il m'attend. Raconter le commissariat, c'est raconter, au bout, l'acquittement. Ce soir, je n'en ai plus le courage. Je lâche. J'arrête. J'arrête d'écrire. Parce que rien n'aura jamais de sens. Parce que ce monde-là marchera toujours sur la tête, quand bien même on serait des milliers à vouloir le remettre à l'endroit. Parce que la parole aura beau « se libérer », les oreilles, elles, refuseront toujours de se déboucher. Celles de mon mec sont très ouvertes, ce soir-là. Juste après le visionnage de ce documentaire, j'y engouffre mon désespoir, j'y déverse ma colère, je les remplis de mes « à quoi bon ». Il écoute. Se tait. Me laisse finir, et puis : « OK. Tu ne vas pas faire la révolution à toi toute seule. Mais imagine qu'un seul parent, après avoir lu ton livre, puisse comprendre, croire, et consoler sa fille. Imagine que cette fille puisse relever la tête, se dire qu'il y a une vie après le viol et qu'elle peut se la faire jolie… Même s'il n'y en a qu'une seule, tu ne crois pas que ça vaut le coup ? » Si. Si, bien sûr. T'as raison. Je sais que tu as raison. C'est juste que je n'ai pas la force, maintenant. J'ai surtout envie de pleurer, là, tu vois… « Évidemment. C'est comme si un médecin légiste s'imposait une nouvelle autopsie le soir, en rentrant chez lui. Juste comme ça, juste pour voir… Repose-toi, tu y reviendras plus tard. Je sais que tu le feras. » Je souris. Je regrette que mon mec n'ait pas connu mon père : ils auraient pu passer des soirées entières à se faire des comparaisons chelou… Mais oui, je vais le faire. J'irai jusqu'au bout. Quoi qu'il m'en coûte – je suis têtue. Mais on laisse un peu reposer le cadavre, d'accord ?

Grandir

Un jour on naît. Un jour on meurt. Entre les deux, on grandit. Parfois, ça vient très vite.

J'ai huit ans. Je marche vers l'école, je me dépêche. J'ai hâte. Mais je fais très attention à mon chignon : il est énorme, crêpé en choucroute, je l'adore. Je m'arrête tous les deux mètres pour vérifier que mes guêtres n'ont pas trop glissé sur mes chevilles. Elles sont fluo. On est mardi gras, ma grande sœur m'a déguisée en Madonna. Elle m'a mis des strass partout, des mitaines à paillettes, et on a bien rigolé à faire des gros trous dans mon collant. Dans dix minutes, sous le préau, je vais pouvoir montrer ça aux copines. Au rond-point, c'est à droite, et puis on monte un peu, et puis on y est. J'ai pas vu arriver la voiture, je regardais mes guêtres. Mais j'ai bien entendu quand les trois grands m'ont demandé : « Eh ! Tu prends combien ?! » J'ai pas compris la question, donc j'ai rien dit. J'aime pas quand je comprends pas. Ils ont éclaté de rire, ça, j'ai bien entendu aussi. Et puis ils ont dit « sale pute ». Dans mes joues, ça a cuit. Ils ont démarré, ils ont disparu. Mon déguisement, je l'ai nettement moins aimé. J'avais plus hâte, j'avais honte. Et ça m'énervait, parce que je savais pas de quoi j'avais honte. J'ai fait demi-tour. Je suis rentrée à la maison, j'ai enlevé mon déguisement. De rage, j'ai encore plus déchiré les collants. Ma mère a essayé de me calmer, mais y avait rien à faire. Alors elle m'a écrit un mot pour l'école. Je fêterai mardi gras l'an prochain. La bonne nouvelle, c'est que je vais pouvoir remettre mon pantalon.

J'ai huit ans et, pour mes parents, je suis une personne avant d'être une petite fille, je suis moi avant d'appartenir à un genre, j'ai le droit de faire de la danse classique ET pipi sur des peaux de serpents si je veux les tanner. Pour eux, je peux porter des jupes AVEC des croûtes au genou – et les pantalons, je peux aussi. Pour eux, mais pas pour tout le monde, visiblement. Ce jour-là, la rue me l'apprend à m'en cuire les joues. Confusément, je le sens : à l'extérieur de la maison, je suis d'abord une fille, que je le veuille ou non. J'ai intérêt à l'admettre, sinon on se chargera de me le faire comprendre. Ce qu'il vient de se passer, un jour de mardi gras, n'est que le premier avertissement. C'est le début du carnaval, le point de départ de la grande mascarade. Si je veux être de la fête, il faudra que je le porte, mon accoutrement de fille. Mais si je veux y rester, attention à ne pas l'exhiber : ça pourrait mal tourner. Une jupe, oui. Mais pas mini. Je comprendrai tout ça plus tard. J'ai huit ans. Je n'arrive pas à mettre des mots sur ce qui s'est joué, ce jour de mardi gras. Alors je passe à autre chose.

J'ai treize ans et je suis dans la moyenne : comme la plupart de mes copines, je viens de passer le cap. Un baiser, un vrai. Avec la langue. Et avec Vincent.

Mes copines, ça les a rendues dingues. Bomber noir (intérieur orange), cheveux longs (gras, juste ce qu'il faut pour faire sale gosse), sac Longchamp (porté en bandoulière, mais sur le dos, c'est la règle) : Vincent a la panoplie intégrale du beau gosse. Il l'est. Son eau de toilette pique les yeux, mais pour rien au monde, je ne l'aurais avoué – j'ai le triomphe moyennement nuancé. Et puis je l'ai bien aimé, ce baiser. Plus que le vrai premier. Techniquement parlant, il a eu lieu trois ans plus tôt. C'était mon premier baiser forcé. J'étais en classe de neige. Nous partagions, élèves de CM2, le réfectoire de cet énorme chalet, avec une bande de garçons de seize ans, venus, eux, pour leur formation de CAP quelque chose. Ils parlaient fort, riaient fort : ils étaient ce qu'on faisait de plus cool. Pendant deux semaines, ils nous ont royalement ignorées, mes copines et moi. Le dernier jour, on a voulu faire une boum. Comme les grands. La maîtresse s'est un peu fait tirer l'oreille, mais elle a fini par accepter. Dans le dortoir, on était surexcitées : contenu des placards vidés sur les lits, oreillers balancés dans les airs pour faire de la place, et nous, au milieu du foutoir. Chacune transpire l'envie de grandir. Moi, ça me fait quand même un peu peur. Alors quand Sandrine me propose de me maquiller, je dis non. Quand Paula veut me prêter son collier, je refuse. Quand Magali me supplie de me mettre en jupe, j'hésite. « Alleeeeeez ! À tous les coups, y aura les grands du CAP… » – Magali insiste. Mais justement. Je n'ai pas oublié ce qui peut m'arriver si je porte une jupe. Alors je mets un pantalon. En velours violet, ça fait joli quand même.

À 20 heures pétantes, on est dans la grande salle. La maîtresse a mis une nappe sur le buffet pour cacher les tréteaux. Je ne sais pas comment elle s'est débrouillée, mais elle a même trouvé des projecteurs, alors les murs sont bleus, violets, verts, ou jaunes, et c'est beau. Les Rita Mitsouko hurlent dans la sono. Alignées, serrées les unes contre les autres au bord de la piste, Magali, Sandrine, Paula et moi, on regarde les garçons faire les cons. Les grands du CAP se sont incrustés. La sono s'est mise à passer des slows. Il vient vers moi. Je suis pétrifiée. Mes copines en louchent d'envie : il s'appelle Jérôme, il a seize ans, il m'invite à danser. J'y vais. Raide comme un piquet, je le laisse placer mes bras autour de ses épaules. Il est grand, bien trop grand. Boudiné dans sa chemise hawaïenne, ses palmiers trempent dans l'eau tellement il sue. Mais c'est mon premier slow, alors je reste. Son souffle sur mon oreille, Jérôme me dit : « Viens, j'ai un truc à te montrer. » J'ai dix ans, il a seize ans : j'obéis. Dans un recoin du couloir, il se penche vers moi. Je le trouve gigantesque, beaucoup trop grand pour moi. Quand sa langue a poussé sur mes dents pour les ouvrir, j'ai fermé les yeux, j'ai voulu partir dans ma tête. J'ai pas réussi, à cause de ce truc visqueux que j'avais dans ma bouche. Sa langue. Elle en est ressortie toute seule, j'ai pris une immense bouffée d'air. Jérôme était fier de lui : « Tu l'as eu, ton premier baiser. » J'ai rien dit. Je n'étais pas fière de moi. J'ai couru m'enfermer dans les toilettes. À double tour. J'ai eu peur qu'il ne me poursuive. Je ne l'ai jamais revu. Tant mieux : j'avais terriblement honte. J'avais qu'à pas danser de slow.

J'ai quatorze ans et je suis précoce : avant toutes mes copines, je viens de coucher avec un garçon. Arnaud. Pas Vincent, celui du premier baiser. Vincent, il a voulu se suicider quand je l'ai quitté : on était à la piscine, il a sauté dans le petit bain. Il avait pied. Alors je me suis moyennement inquiétée, j'ai laissé ses copains le consoler, et j'ai filé dans les vestiaires me rhabiller. À la sortie du stade, je suis tombée amoureuse de David. D'un coup, comme ça. Lui ne m'a même pas vue, mais je m'en fiche. Dans ma tête je lui parle, dans ma tête je l'embrasse. Et puis un jour, dans ma tête, je ne l'aime plus, d'un coup, comme ça. Parce que dans la cour, j'ai vu Frédéric. Il ne parle pas beaucoup, il dessine tout le temps, ça m'intrigue. Un jour, il me tend un de ses dessins. Une femme nue, elle me ressemble : il ne m'intrigue plus, il me met mal à l'aise. Je le mets loin de moi. Quelques mois de gagnés, encore un peu d'enfance, un peu de légèreté. Je ne suis pas totalement idiote : je sais qu'il y a un cap, avec les garçons, que je vais franchir un jour. Mais pas tout de suite, pas maintenant. Je retarde le moment : j'ai beau faire la maligne, je ne suis pas rassurée. En attendant, un seul regard échangé peut me faire la journée. J'ai mes créoles, je papillonne et j'aime ça. Je me maquille, j'ai appris à aimer les trucs de filles. Je n'ai pas l'adolescence douloureuse. Au collège, comme à la maison, je suis plutôt du genre heureuse. Sur mes allers et retours quotidiens, je vais, je viens, le cœur léger, l'esprit ailleurs. Je connais le trajet par cœur, je laisse mes pas me guider. Alors je ne le vois pas arriver. Sa main non plus, je ne la vois pas : je la sens. Je porte un dictionnaire dans les bras – le sac plastique s'est cassé. Il a surgi de nulle part, il a collé sa main sur mon sexe. Sous le dictionnaire. Il m'a dit : « Tu veux que je t'apprenne à baiser ? » On était au pied de mon immeuble. J'ai menacé d'appeler le concierge. Cette fois-là, ça a suffi : il a décampé. Mais, à quatorze ans, je viens d'apprendre à marcher : vite, et tête baissée. Quelques mois plus tard, je couche avec Arnaud. Je ne suis pas sûre de l'aimer, ne le déteste pas non plus. Ma première fois n'a été ni paradisiaque, ni catastrophique. Elle a été, c'est tout. J'étais prête, je voulais sauter le pas. Savoir ce que ça faisait de passer de l'autre côté. Le lendemain, j'ai traversé le collège en me demandant, très sérieusement, si tout le monde allait remarquer que j'étais devenue une femme. J'exultais. Parce que c'était moi qui avais décidé quand, où, comment et avec qui j'allais « apprendre à baiser ».

Porter plainte

Mes parents sont arrivés chez Maïté. Ils ont sonné, je suis allée leur ouvrir. Ils sont là, tous les deux, dans l'encadrement de la porte. Ils sont là, et c'est une digue entre moi et la rue : plus rien ne peut m'arriver. Ils sont là et je suis leur enfant. Ils vont m'indiquer la route, me prendre par la main, me dire comment faire pour retourner là d'où je viens, quand je n'avais pas peur, quand je n'avais pas mal, quand j'étais sûre que tout irait bien. Ils ouvrent leurs bras, me serrent fort contre eux. Je me shoote à l'odeur de mon père, à l'odeur de ma mère, celle de l'enfance, celle de la maison. Je n'ai plus vingt ans, c'est trop moche, vingt ans, j'en veux plus de mes vingt ans… Je suis une toute, toute petite fille. Inquiète du regard paternel. Assis à la table du salon, il me fixe, de ses grands yeux si bleus. Recroquevillée sur le canapé, en boule dans les bras de ma mère, je lui demande à l'oreille : « Il est fâché contre moi, papa ? » Ni l'un, ni l'autre ne comprennent le sens de ma question. Je sous-titre : « Ben, j'ai parlé avec un inconnu dans la rue. Tu m'as toujours dit qu'il fallait pas parler aux inconnus dans la rue. » Je suis une toute, toute petite fille qui craint la réprimande paternelle. Je suis une femme, j'ai été violée, j'ai déjà intégré ma culpabilité. Ce que je ne sais pas, à ce moment-là, c'est que mon père ne dit rien parce qu'il réfléchit. Pour lui, il est très clair qu'il faut aller porter plainte. Le paternel a toujours cette vieille idée de la Justice qui le tient si beau, si droit… Et qui fait que, chaque fois qu'un autre père lui dira : « Je serais toi, je prendrais un fusil et j'irais le buter, le mec », il dira non. Tranquillement non. Fermement non. Le talion, très peu pour nous, les Foïs : on restera dans les clous, et on ira porter plainte. Reste à savoir comment m'en convaincre, sans me forcer. Le paternel a compris qu'une contrainte de plus, et sa fille exploserait. Or, là, sur le canapé du salon, elle l'a dit, très vite, très net : « Il a mon nom, il a le vôtre, il a notre adresse, il va vous faire du mal si je parle, et moi, il va me tuer si je vais chez les flics. On n'y va pas. On rentre à la maison. S'il vous plaît… » Les larmes de la fille pourraient, l'espace d'un instant, faire flancher le père. Mais non, on ne va pas rentrer à la maison. Ce salopard ne fera rien de plus que ce qu'il a déjà fait – ses menaces, le père n'y croit pas. Et ce qu'il a fait, ça s'appelle un crime. Donc on ira porter plainte. C'est rationnel, c'est carré, c'est mon père, qui, là, cherche à gagner du temps. D'abord, on va appeler un médecin. Près de l'oreille, ça tape, ma mâchoire me fait atrocement mal, mon visage brûle : il faut m'examiner. En attendant, je vais prendre un bain. Je veux rentrer à la maison, mais je veux, d'abord, prendre un bain. Enlever toute cette crasse qu'il m'a mise dessus. Gratter la boue, nettoyer les plaies, chasser cette puanteur, la sienne, sur moi. Ma mère m'a gardée sous son aile. Je veux rentrer à la maison ? On va rentrer à la maison. Je veux me laver ? Elle va m'aider. Elle monte dans la salle de bains avec moi. Je me récure et, tant qu'à faire, je veux qu'elle récure la voiture. Sinon, je ne pourrai plus jamais y mettre un pied. Ma mère fera. Nettoyer les sièges, vider le cendrier, astiquer le tableau de bord... Ni elle ni moi n'avons conscience à ce moment-là que nous sommes en train d'effacer toutes les preuves. On voulait juste effacer le viol.

Le médecin est arrivé chez Maïté. Il m'ausculte. Un petit bleu derrière l'oreille, c'est tout. On va quand même aller à l'hôpital, pour vérifier. Blottie sous l'autorité de mon père, je me laisse faire. Il s'est entendu avec le médecin, pendant que je prenais mon bain : l'hôpital, c'est pour les prélèvements, pour étayer la plainte, parce qu'on ira ensuite au commissariat. Sur la route, calmement, mon père m'explique. Qu'on n'a pas le droit de me faire ça. Que je n'y suis pour rien. Que cet homme-là vient de commettre un crime très grave. Et qu'une société qui laisse des violeurs en liberté est une société malade. Il y a des lois pour ça, il y a des lois contre eux, il faut les appliquer. Alors on va jouer le jeu. D'accord, papa. Pour l'hôpital, je suis d'accord. Pour le commissariat, j'ai peur. Je n'ai aucune raison d'avoir peur, promet mon père. C'est lui qui a peur, maintenant. Et il a bien raison d'avoir peur, d'ailleurs. Parce qu'on va jouer le jeu et qu'il va payer pour ce qu'il a fait, je suppose ? Oui. Si tu le dis, papa...

Jouer le jeu, à l'hôpital, ça veut d'abord dire se retrouver nue, à nouveau, devant des inconnus. Pattes écartées, pieds posés sur des étriers. Sentir, encore, quelque chose s'introduire dans ton vagin – et, si tu ne l'as pas refusé, cette fois-ci, tu ne l'as pas franchement désiré non plus. À l'extérieur de la petite salle d'examen, dans le couloir, j'entends ma mère aller et venir. Elle cherche un médecin, on la rembarre, elle est fumasse. Celui qu'on a vu chez Maïté lui a parlé d'un truc qui empêche le virus du sida de se développer, si on le prend dans les six heures suivant le risque de contamination. Ça s'appelle « trithérapie ». Et, nous, ça va faire bientôt cinq heures. Oui, Madame, peut-être qu'on fait ça à Paris, mais pas la peine de nous prendre de haut, nous, on n'en a jamais entendu parler ici, calmez-vous Madame. Sauf que rien n'énerve plus Madame (ma mère) qu'on lui dise de se calmer. Donc elle s'énerve. Finit par arracher une entrevue avec un médecin. En ressort avec une ordonnance de trithérapie – comme quoi, vous en aviez, et vous saviez parfaitement ce que c'était ? Fumiers. Avec le traitement, je ne vais pas pouvoir m'exposer au soleil. Confirmation : mon été vient de partir en couille. Les années qui viennent ne seront pas beaucoup plus riantes, à bien des égards, mais heureusement pour moi, je ne l'imagine même pas. Ils vont terminer leurs prélèvements, je vais sortir de cet hôpital, reprendre ma vie d'avant. J'ai obtenu qu'on n'aille pas au commissariat tout de suite. Mon père a obtenu qu'on ne rentre pas à la maison cette nuit. On dormira chez Maïté. Deal.

Dormir. Avec ses petits yeux de rat qui surgissent dès que je ferme les miens. Avec son râle que je sens, dans mon cou, cette odeur, qui me saute aux narines, si j'éteins la lumière. Je suis une toute, toute petite fille qui a peur du Loup-Garou. J'ai appelé ma mère. Je dors avec elle. Et du Lexomil.

*

Le lendemain matin, c'est mon père qui pousse la porte du commissariat. D'une main. Dans l'autre, il y a la mienne. Serrée fort. J'en ai besoin. Depuis la veille, mon corps n'est plus vraiment le mien. Je m'accroche au sien pour me sentir encore un peu d'ici, du côté des vivants. La main de mon père m'arrime à la terre, m'empêche de couler, de partir trop loin dans ma tête. Il ne faut pas. Je dois rester concentrée. Les neurones qui me restent, mobilisés. Je vais devoir faire très attention à ce que je dis. C'est l'avocat qu'on a choisi ce matin qui m'a prévenue : je me suis lavée, la voiture est propre, plus de traces ADN, ce sera ma parole contre la sienne. Elle doit être béton, c'est tout ce que j'ai. Le moindre doute profitera, de toute façon, à l'accusé. La moindre contradiction me coûtera cher. Alors si je ne suis pas sûre, je dis : « Je ne sais pas. » D'emblée, je le comprends : ma responsabilité est gigantesque, écrasante, même, pour quelqu'un qui, comme moi ce matin-là, se sent si petite… Mais c'est comme ça. Les règles du jeu sont claires, je m'y plie. Bonne fille, bonne élève, je réponds aux questions. À toutes les questions. Elles me rentrent directement dans la chair, mais je réponds. À des inconnus, mais je réponds. Et je vais le faire des dizaines de fois, en trois ans de procédure. Des dizaines de fois, devant des inconnus, je devrai dire « sexe », « doigt », « sodomie », « vagin », en parlant du mien, et parfois devant mon père. Concentré, l'agent notera. Consciencieux, il relira : « L'individu de type caucasien a introduit son doigt dans mon vagin, ce que je n'ai pas refusé oralement. » Non, j'ai pas refusé « oralement », connard, j'avais un cutter sous la gorge, tu te souviens ? J'ai envie de hurler, de lui éclater la tête avec son ordinateur, et de lui faire bouffer son petit clavier avec mes doigts à moi – ça peut rendre violent, un viol. Mais ça, je dois pas. Mon avocat m'a recommandé de rester calme, quoi qu'il arrive. Alors je reste calme. Simplement, je lui demande de rectifier : « Je n'ai pas refusé oralement, car j'avais un cutter sous la gorge et que j'avais peur. » Voilà. C'est mieux. Je relis, je signe. Tout. Je me souviens de tout, dans les moindres détails et ne varierai jamais d'une virgule. Ma déposition est « d'une précision chirurgicale ». On l'a noté en cour d'assises et on a trouvé ça curieux : normalement, les victimes de viol ont une mémoire à trous, les souvenirs leur reviennent par flashes, le choc, la stupeur, la souffrance ont tout embrouillé… Si j'avais *vraiment* souffert, je *devrais* avoir des trous de mémoire, non ? Si. Ne serait-ce que pour qu'on puisse me les reprocher. Me dire qu'avec un récit aussi embrouillé, c'est tout de même un peu compliqué de savoir si je ne mens pas. La vérité, c'est que, quoi que tu dises, au fond, quand tu es victime de viol, tu ne pars pas vraiment gagnante… La vérité, c'est que les dés sont pipés. Mais je ne suis qu'en début de partie et, naïvement, je crois encore devoir jouer le jeu.

Là, je suis dans une voiture, seule, avec deux inconnus. Deux flics qui m'emmènent faire une « reconnaissance de terrain ». Merci la précision chirurgicale : je n'ai même pas oublié le tampon. Je l'avais enlevé pour éviter qu'il ne me l'enfonce, et je l'avais jeté dans les buissons. Du coup, maintenant, les flics veulent retrouver le buisson. À défaut de trace ADN sur moi, peut-être y en aura-t-il sur ce bout de coton… Bonne fille, bonne élève, je n'ai pas moufté quand ils ont voulu m'emmener. Percutant à peine que j'allais me retrouver à refaire le même chemin que la veille, avec deux hommes, deux inconnus, aller exactement au même endroit, celui de l'horreur, celui du dégoût, tout ça pour un tampon perdu. L'ironie pourrait me faire rire, mais je suis morte de trouille. Qu'est-ce que je fous là ? Qu'est-ce qu'il va m'arriver, encore ? Qu'est-ce qu'ils vont faire de moi ? Après tout, on est en pleine campagne… Après tout, je ne les connais pas, et lui aussi, il avait l'air gentil au départ… Avant de se goinfrer, le goret, de ce que Dame Nature avait eu le bon goût de lui mettre sous le nez – moi, mon corps, ma chatte. Il s'est servi, et j'ai été expropriée. Depuis, mon corps est en libre-service : n'importe qui pourrait décider, à son tour, de s'en faire une tartine. Cette idée me poursuivra longtemps. Elle a surgi, pour la première fois, cet après-midi-là, avec les flics, dans cette voiture, devant ces buissons. Ils sont contents, ils ont retrouvé le tampon. On peut repartir. À leurs yeux, je suis en train de devenir crédible. Je ne gagne vraiment leur confiance qu'un tout petit peu plus tard, dans l'après-midi. L'hôpital vient d'envoyer les résultats des prélèvements. Ils n'ont rien donné. Un vieux renard du dépôt de plainte lit le rapport du médecin légiste. Il secoue la tête : « Ils n'ont même pas fait la moitié des examens… » Je proteste : « Mais c'est pas ma faute ! » Le vieux renard relève le nez de ses papiers, il me regarde. L'expression de son visage s'est détendue : ça y est, il me croit. « Pour les prélèvements… Je disais pas que c'était votre faute, vous savez ? Mais les victimes de viol – et j'en ai vu, ouh là ! – se sentent toujours mises en cause. C'est comme ça que je les reconnais, moi : quand elles s'accusent de tout et n'importe quoi, je sais qu'elles ne racontent pas de craques. » Je l'aurais volontiers embrassé. Sauf que c'est pas le moment : il me demande de le suivre dans une autre salle. Celle du fichier Canonge. C'est là que sont regroupés tous les délinquants et tous les criminels arrêtés par tous les services de la police nationale. Il y a des dizaines et des dizaines de photos. Des dizaines et des dizaines de visages qui défilent devant moi, et me fixent droit dans les yeux. J'ai peur qu'il soit dedans, je veux qu'il soit dedans. Je ne veux plus jamais croiser son regard, même en photo, mais je veux qu'on en finisse au plus vite. Je les scrute un par un, de près, et même plusieurs fois. Plus que tout, j'ai la hantise de me planter. Et si, par ma faute, un innocent se retrouvait en prison ? Ma responsabilité est véritablement gigantesque. Alors, je respire quand ça s'arrête : il n'est pas dedans. Mon vieux renard est déçu. Je suis désolée pour lui. Et je pars en vacances.

Fin août. Je dois retourner au commissariat. Ils ont arrêté un suspect, en pleine rue, avec mon portrait-robot. Chirurgical, le portrait, lui aussi. J'y avais passé des heures, mais le résultat était au scalpel – tant pis pour toi, t'avais qu'à en violer une autre, si tu voulais pas d'emmerdes. Enveloppée par les miens, réchauffée par mes souvenirs d'enfance, j'ai récupéré ma grande gueule en Italie. J'ai retrouvé mes plages, mes galets, ma vie. Ou, pour être exacte, j'ai pu oublier, pendant quelques semaines, qu'elle n'était plus la même. Je rentre en France et je me souviens : j'ai été violée et, dedans, j'ai comme un trou béant. Avant de partir, j'ai porté plainte. Maintenant, il m'attend derrière une vitre sans tain. Il est juste derrière la porte, à moins d'un mètre de moi. La porte n'est pas bien épaisse, la vitre est taillée à l'intérieur du bois. Je ne dois pas m'inquiéter, il est menotté. Je ne dois pas m'inquiéter, il a deux flics pour l'encadrer. Je peux faire un pas, puis deux, vers la porte, toujours sans m'inquiéter. J'approche mon visage de la vitre : la décharge est électrique. Je ne savais pas qu'il serait si près. Je ne savais pas que ses yeux, braqués sur moi, me transperceraient. Je ne savais pas qu'un corps humain pouvait bondir en arrière. C'est pourtant ce que je viens de faire. Littéralement. Mon corps l'a reconnu. Ma peau l'a reconnu. Mes tripes ont hurlé et elles m'ont fait reculer. Assise devant le commissaire, je tremble. Des pieds à la tête, je tremble. Et ma tête n'arrive pas à m'en empêcher. Oui, c'est bien lui, commissaire. Il était en garde à vue, il est mis en examen. L'instruction peut commencer.

Elle va durer trois ans. Trois ans pendant lesquels je sais très bien faire semblant. Étudiante en lettres à la Sorbonne, puis au Centre de formation des journalistes, je vais en cours tous les jours, je travaille bien, j'ai de bonnes notes. Les premiers temps, j'ai un mal fou à me concentrer, mais je donne le change. Je bois des coups, je ris beaucoup. Et quand on trouve que je rentre toujours un peu tôt, que je pourrais me détendre un peu avec les notes que j'ai et qu'on ajoute : « T'as peur de te faire violer, ou quoi ? », je force un sourire et je file prendre mon RER. Je ne dis à personne que, quand je rentre chez moi, j'ai le ventre noué. Que je pourrais entendre mon cœur battre de trouille dans les escalators, les souterrains, ma rue. Que ma main hésite, avant de mettre la clé dans la boîte aux lettres. Parce que toute la journée, en fait, j'ai ruminé : est-ce que je vais être convoquée ? Chez qui ? Chez la psy du tribunal, chez le juge, chez mon avocat ? Qu'est-ce qu'on va me demander, cette fois ? Les lettres passent, les convocations suivent, les allers et retours vers Avignon s'enchaînent, et le dossier avance. Quand on l'a arrêté, il revenait d'un salon de massage. Tenu par des prostituées. Elles ont été interrogées, c'est un habitué, mais elles ont toujours détesté s'occuper de ce client-là. Non, elles savent pas dire pourquoi, c'est juste qu'il a un truc malsain dans le regard, voilà. Quand on lui a dit qu'il était accusé de viol, il a demandé : « Ah bon ? Quel jour ? » – parce qu'il y a des jours où il viole plus que d'autres, je suppose. Quand on a fouillé dans son passé, on y a retrouvé deux mains courantes, déposées par ses deux ex-femmes, pour violences conjugales. L'une d'entre elles précise que, quand il s'énerve, il se tape aussi la tête contre les murs, plusieurs fois, et violemment. Génial. Ça lui alourdit le dossier, ça me dégage l'horizon, et j'en suis à sauter de joie en apprenant qu'un mec castagne ses compagnes. Pourtant, je suis saine d'esprit, il paraît. Après une batterie de tests, la psy du tribunal est formelle : la victime est en pleine possession de ses moyens, dotée d'une pensée structurée et d'une excellente mémoire – comprendre : elle n'est pas totalement timbrée, on peut éventuellement l'écouter. Le temps s'écoule, il joue en ma faveur. Les petits yeux de rat s'éloignent, les prises de Lexomil s'espacent : je vais mieux. Moi, je vais en cours tous les jours. Lui, je ne sais même pas s'il a droit au parloir tous les jours. Je m'en tape. Lui s'en plaint. Dit qu'il est maltraité. Que la prison, c'est un enfer. Surtout pour un innocent comme lui – en vrai, pour un violeur comme lui, c'est certainement l'enfer, et j'en suis ravie. Je lis les comptes rendus de l'instruction, et je vois qu'il s'agite. À plusieurs reprises, il demande sa remise en liberté conditionnelle. Chaque fois, je retiens mon souffle. Chaque fois, il est débouté. Même quand il entame une grève de la faim. Même quand il rameute un groupe de soutien. Même quand il trouve, après de longs mois, un alibi. Le juge n'y croit pas. Il me croit, moi.

L'échéance approche, et, sans bomber le torse, je relève peu à peu la tête : mon avocat me le confirme, ça sent bon. Suffisamment pour que j'entre dans cette cour d'assises, trois ans plus tard, pas tout à fait sereine, mais solide. Mon père a confiance, alors j'ai confiance. J'ai fait ce qu'on m'a demandé, sans broncher, alors ça va marcher. Autour de moi, ils sont tous là. Mes proches, mes amis, mes sœurs, mes parents, évidemment, et même ma famille d'Italie. On fait corps, on fait bloc. Tout va bien se passer.

*

Le matin du premier jour, Richard est à la barre des témoins. Je ne l'ai pas revu depuis cette nuit-là. Je lui souris, il me sourit. Il raconte, et avec lui, je revis : le soir, son bar, mes larmes, le client au comptoir, la cabine téléphonique, mes parents, mon « oui ». « Je lui ai demandé si elle avait été violée, elle a répondu oui », dit Richard à la cour. Ce sera tout, merci, répond la cour. Richard s'en va. Merci Richard, de t'être souvenu de moi. Au revoir Richard, plein de bonnes choses à toi.

L'après-midi du premier jour, mon vieux renard de la police est là. Lui non plus, je ne l'ai pas revu depuis longtemps. À lui aussi, je souris. Il raconte : la déposition chirurgicale, le tampon, les prélèvements qui n'étaient pas assez nombreux, le portrait-robot qui était très précis, la reconnaissance derrière la vitre sans tain, mon corps qui a fait un bond en arrière… Mais c'est là que ça commence à coincer. Les flics me l'ont présenté seul, derrière la vitre. Les avocats de la défense le savent, ils jubilent. Ils enfoncent le vieux renard dans le coin. Lui font pleuvoir sur la tête une série de vices, cachés dans la procédure, exhibés crânement pour les jurés. Les policiers ont sauté quelques étapes, apparemment. Des détails, mais ils font mouche. Le vieux renard se défend : c'était l'été, manque d'effectifs, recrues novices, venues en remplacement, catapultées sur une affaire dont ils ne savaient pas grand-chose… Et il proteste : la victime est fiable, et elle l'a reconnu, et il n'a pas d'alibi, et c'est ça l'essentiel. Non, pas ici. Ça n'est pas l'essentiel, ici. En fait, à ce stade, l'essentiel à retenir, c'est que, quitte à être violée, mieux vaut ne pas l'être pendant l'été. Parce que ça sent nettement moins bon pour moi, tout à coup.

Déposition après déposition, je vois le vent tourner. Mon dossier, en apparence si bien ficelé, se délite, page après page. Des experts à charge qui retournent leur veste à la barre. Ses ex-femmes qui se débinent : elles devaient venir témoigner contre lui, elles ont envoyé un mot du médecin. Leur état de santé ne leur permet pas de se déplacer jusqu'au tribunal. Les filles du salon de massage étaient peut-être en pleine forme, mais on n'a pas jugé bon de les convier – qui pourrait croire une pute, de toute façon ? Tandis qu'un boucher, un boulanger, le gérant d'un bar-tabac, toute cette petite bande du comité de soutien qui défile devant la cour pour dénoncer, main sur le cœur – croix de bois croix de fer si je mens je vais en enfer –, l'injustice faite à un homme, leur ami, bon père de famille, aimant les enfants au point de prendre sur ses dimanches pour les entraîner au foot… Oui, ça, c'est crédible. Imparable, même, pour les avocats de la défense qui tiennent alors leur ligne : celui qui se trouve dans le box des accusés ne peut pas avoir violé puisqu'il n'a pas le profil du violeur. Je ne sais pas s'ils parlent du droit ou du gauche. Je ne comprends rien à ce qu'ils disent. Rien à ce qu'il se passe. Je voudrais protester, leur répondre que taper dans un ballon n'a jamais empêché de taper sur ma tempe, qu'aimer les enfants ne prive pas de violer une femme, je n'ai que le droit de me taire. Je suis partie civile, je parlerai en dernier. Spectatrice ébahie par le théâtre de guignols qui se joue sous mes yeux, je ne peux que regarder. À commencer par les jurés, dont je guette, sur le visage, la trace d'une émotion : celui-là fronce les sourcils ? Il est avec moi. Des sourcils froncés, ça veut dire qu'il n'est pas dupe de la défense. Que tous ces mensonges l'exaspèrent, comme moi. Et que du coup, il va lui faire prendre super cher. Ou alors… Il se dit qu'il n'a rien à faire là. Il avait sûrement un truc important à faire cette semaine. Oui, c'est ça, il est soûlé. Du coup, il pense à son truc important et il n'écoute rien. Ah oui, tiens, maintenant, il dort. La journaliste, elle, lit. *Voici*. Elle lit *Voici* pendant l'audience et j'ai comme une envie de lui proposer du vernis à ongles, tant qu'on y est, mais j'en ai pas sur moi. Elle, elle est à ma droite.

À gauche, dans le box, il est là. C'est sur lui que je m'attarde. Sur son crâne, pour être précise. Il a les yeux rivés sur ses genoux, mutique, statique, son cou de taureau rentré dans les épaules. Je ne compte plus ses veines, elles ne battent plus si fort, mais je le dévisage. À l'insu des jurés, des juges, des avocats, je monte sur le ring pour un deuxième round, j'engage un combat parallèle, entre lui et moi. Vas-y, regarde-moi, viens, lève les yeux, regarde-moi si tu l'oses… Toi tu sais qu'ici, depuis le début, on dit que des conneries, toi tu sais ce que tu as fait, allez, assume un peu, assume et regarde-moi… Regarde comme je me tiens droite, regarde comme mes larmes ne coulent pas, et regarde où tu es, toi… Tu regrettes un peu, au moins, ou pas ? Si, si, je sais que tu t'en mords les doigts. De ne pas m'avoir tuée, je veux dire. C'est con, t'avais une belle marge de manœuvre, ce soir-là, tu te souviens ? Oui, c'est sans doute ce que tu te dis, pendant que je t'observe, encadré par tes deux flics. En tout cas, tu fais nettement moins peur maintenant. Et nettement moins le malin que dans ma voiture. Ça doit être les trois ans de taule… Attends. Attends, je reviens : le juge m'appelle. Bouge pas. Oups, pardon, j'oubliais : c'est toi, là, qui peux plus bouger.

Mes mains tremblent, à la barre. Je ne veux pas qu'il le voie, je refuse, toujours, de lui donner ce plaisir-là. Devant lui, même pas peur, même pas mal. La première fois, ça l'avait énervé. Là, il ne peut plus rien contre moi. Alors je m'y accroche, à cette barre, et comme une forcenée, pour ne pas chavirer. J'ai décidé de jouer le jeu jusqu'au bout, je le ferai : je répondrai à toutes les questions des juges, du procureur, des avocats. Devant tout le monde, je le ferai. À des inconnus je raconterai, une énième fois, cette histoire dégueulasse, qui, malgré moi, est aussi la mienne. Mais je demande, d'abord, si je peux dire un mot. Accordé. Je me lance : « J'entends, depuis trois jours, des experts, des témoins, dire ici, devant vous, qu'il ne peut pas m'avoir violée parce que, pour résumer, il n'a pas le profil du violeur. Mis à part le fait que s'il y avait eu marqué "violeur" sur son front, je ne l'aurais jamais laissé monter dans ma voiture, seules deux personnes ici, dans ce tribunal, étaient présentes ce soir-là. Seules deux personnes savent ce qu'il s'y est passé. Ces deux personnes, c'est lui et moi. » Ses avocats bondissent : « Elle est intelligente, hein ? » Merci. Sauf que c'est pas un compliment. Et quand ils soulignent mon calme apparent, rappellent le sang-froid dont j'ai pu faire preuve ce soir-là, évoquent ma sérénité pendant la confrontation, notent la « précision chirurgicale » de mes dépositions et précisent qu'aujourd'hui « mademoiselle a repris sa vie, elle est étudiante à Paris », ce n'est pas pour me féliciter. Le procureur se lève à son tour pour les interrompre : « On ne peut pas lui en vouloir d'avoir voulu sauver sa peau ce soir-là. On ne peut pas lui reprocher, aujourd'hui, de vouloir aller bien. » On en était donc là... Volte-face de la défense. Ils commençaient à me mettre en cause, et, qui sait pourquoi, le jury n'a pas aimé. Dans la salle, c'était palpable. Alors ils sont devenus gentils. Alors j'ai eu toute leur empathie : « Nous savons ses souffrances, et nous les partageons, mais ça n'est pas lui, c'est un sosie. » Plus c'est gros, plus ça passe : impossible de nier les ressemblances entre le portrait-robot et l'accusé. Donc on va plaider que c'est un sosie. Que la police s'est plantée. Qu'elle n'a pas attrapé le bon. Et que, comme c'était l'été et qu'elle était en sous-effectif et qu'elle a eu la flemme de vérifier, elle a décidé que c'était lui. Elle m'a assuré que c'était lui. Moi, pauvre fille traumatisée par un viol, j'avais de la semoule dans la tête à l'époque et désespérément besoin d'un coupable. On me comprend, bien sûr, on me jette pas la pierre, attention... Mais comme j'avais envie de « reprendre ma vie de petite étudiante parisienne » – décidément, c'est une obsession chez eux –, et qu'on m'en présentait un, de coupable, tout cuit sous mon nez, je me suis laissé faire. Le problème, c'est que, ben voilà, moi aussi, j'ai confondu. D'ailleurs, j'ai dit qu'il avait un chicot à l'incisive supérieure droite, alors que tout le monde voit bien qu'elle est juste cassée, mais pas pourrie, l'incisive supérieure droite – démonstration à l'appui, doigt d'avocat sur babine d'accusé à la clé. On m'en veut toujours pas, non, mais c'est pas un chicot. Et c'est pas lui. Et ça aurait pu être l'un d'entre vous. Parce que vous êtes des petites gens, comme lui, des provinciaux, comme lui, parce qu'à un moment donné une étudiante parisienne vient en vacances près de chez vous et qu'elle se fait violer, la machine judiciaire s'emballe contre vous, s'acharne, vous broie, et vous vous retrouvez là, comme lui, dans le box des accusés. Vous, mesdames et messieurs les jurés. Doigt d'avocat désormais pointé sur eux, menaçant. La défense se tait, les laisse imaginer ce que pourrait être leur vie s'ils se retrouvaient en prison, injustement accusés d'un crime qu'ils n'auraient pas commis. Le silence est épais dans la salle. Doucement, sûrement, la brèche du doute se taille dans le jury. La défense le sait, elle se rassied. Réquisitoire du procureur, plaidoirie des parties civiles, rideau. L'audience est terminée, la cour se retire pour délibérer.

Six heures plus tard, les revoilà. Il fait nuit dehors, sombre dans la salle d'audience. Un à un, ils traversent l'estrade pour rejoindre leur banc. Tête basse. Je voudrais penser qu'ils ont l'air piteux, pas fiers d'eux, de ce qu'ils ont décidé, de ce qu'ils vont annoncer, mais je n'en sais rien. Je ne saurai jamais ce qu'il s'est passé dans leur cervelle, cette semaine-là. Je tente de deviner ce qu'ils se disent, maintenant, devant moi, derrière leur front opaque. Je serre très fort la main de mon père, très fort la photo de mon frère, et j'attends. Les chefs d'inculpation sont déroulés, le verdict dévoilé : non coupable. Pas vu, pas pris, pas lui. Un sosie. Remballe tes affaires, gamine, remballe ton histoire, et sors de là, allez…

Ma sœur crie dans l'escalier. Pas moi, j'ai les dents trop serrées. Niée deux fois, humiliée deux fois, piétinée deux fois. Le viol m'a cueillie, mise à terre, éparpillée. Je me suis relevée, j'ai recollé mes morceaux, ramassé mes dents, pour les besoins de l'instruction. Parce que j'y croyais, parce qu'il le fallait. Le verdict est une gifle, monumentale. Je m'en collerais volontiers une deuxième. Sans preuves, ni témoin, tout reposait sur moi, mon témoignage, ma parole, on me l'avait dit, on me l'avait répété, je l'avais parfaitement intégré… Et j'avais perdu. J'avais donc, une nouvelle fois, merdé. J'avais ouvert la portière de ma voiture. Je m'étais lavée. J'avais dit « chicot » et pas « dent cassée ». Oui, je me serais volontiers giflée.

*

J'ai vingt-trois ans, et je n'y crois plus.
J'ai joué le jeu, mais j'ai perdu.
Sur cette place, je tourne en rond.
Plus rien n'a de sens, je tourne en rond.
Je crois que je vais couler.

La terre a vacillé sous mes pieds, la réalité m'a pété à la gueule, et mes repères ont explosé. Mon monde à moi s'est écroulé, le voile s'est déchiré, j'implose, et le monde extérieur s'impose, sans prévenir, ni me demander la permission, dans sa violence et dans sa cruauté. Devant, l'horizon est brouillé. Je me croyais sujet, j'ai pu devenir objet. Les « ça se fait pas » se font. Le Bien, le Mal n'existent plus. Les méchants peuvent gagner à la fin. La Vérité n'est plus absolue. Il y a les faits, mais ils ont leurs versions. Il y a la Vérité Judiciaire, et moi, je me demande ce que vaut la vérité si on doit lui coller un adjectif. Je vais devoir me débrouiller avec ça. Mon monde est désormais celui-là, je n'ai pas le choix. À moi de le comprendre, à moi de l'accepter. J'ai vingt-trois ans et, à partir de maintenant, je vais devoir continuer à marcher, à travailler, à aimer, dans un monde où la Justice n'est pas juste. Et c'est injuste. Normalement, on a toute une vie pour se faire à l'idée… Mais ça fait ça, aussi, un viol.

J'ai vingt-trois ans et sur cette place-là, ce vendredi-là, au milieu des miens, je me sens terriblement seule. Je ne sais pas, à cette heure-là, à quel point nous sommes nombreuses. Je mesure encore moins combien, plus tard, bien plus tard, ça me fera du bien de le savoir…

À ce moment-là, je suis seule. J'étais seule dans une voiture, en rase campagne, avec un rat à moustaches. Je suis seule en pleine ville, avec les miens, malgré les miens, parce que la Cité ne m'a pas protégée. Pas crue, pas écoutée, pas entendue. Message reçu cinq sur cinq : bienvenue, gamine ! Dans ce monde-là, le vrai, le nôtre, on a le droit de te violer. Il va falloir que tu l'admettes. Parce que sinon tu vas crever. De chagrin, de révolte, de pourquoi et de comment. Ça fait saigner ta tête, mais au moins tu vois juste. Et tu sais ce qu'il te reste à faire, si tu veux continuer à avancer.

Alors, je n'ai plus compté que sur moi-même. Devant moi, un terrain miné. Si je voulais m'y frayer un chemin, sans coups, ni blessures supplémentaires, j'allais devoir faire très, très attention. Vigilance extrême. Permanente. En apnée. Pas de respiration, plus de repos possible, puisque plus rien ni personne n'est sûr. Puisque tout, puisque chacun, peut, à tout moment, m'exploser de nouveau en pleine gueule. Dans « confiance », désormais, j'entendrai surtout « con ». Contrairement à ce que j'ai pu lire, je n'ai pas perdu mon innocence, ce soir-là. L'innocente, ça reste moi. Mais j'ai perdu ma naïveté. Pire : j'ai perdu l'espoir. C'est jeune, vingt-trois ans, pour ne plus avoir d'espoir…

Oui, ça fait ça aussi, un viol.

Moi, ça m'a fait ça.

« Sans rancune ? » Tu parles. Grâce à lui, grâce à ses avocats, grâce aux jurés et grâce à la Vérité Judiciaire, j'ai découvert la rancœur. La haine, même.

C'est moche, la haine. Ça te bouffe de l'intérieur. Lui, il s'en fout, de ta haine. Lui, grâce à toi, il sourit. Il t'a demandé un service, tu lui as rendu, tu es tombée dans le piège, quelle idiote, il t'a bien eue… Et il a gagné à la fin.

À la sortie de la cour d'assises, le paternel vertical s'est écroulé. Littéralement. Son corps a glissé, au sol, tout contre les portes du tribunal. Il est tombé, et il a dit : « Mes filles ne s'en sortiront jamais. »

Mais même les paternels les plus verticaux peuvent se tromper.

Le miroir

Je me suis souvent regardée dans le miroir en me demandant ce qu'il restait comme traces de lui sur moi. De *ça* sur moi. Pas sur le visage : derrière. Sous la peau. Des traces de ses doigts sous ma peau.

Il y a eu un avant *ça* et un après lui.
En termes de chronologie, c'est clair.
En termes d'impact, moins.

« Ce qui ne te tue pas te rend plus forte. » Certes. Et je ne suis pas morte. Et donc je suis plus forte, a priori. Plus dure au mal, sans doute. Comme un cuir qui durcit sous la pluie ? Un peu. Parce que je me sais en sursis, parce que j'ai intégré l'idée même de ma propre mort, je sais aussi que le bonheur n'est qu'une question de volonté, celle de saisir la moindre éclaircie et de m'y réchauffer. Ou bien juste un coup de pot, un répit incongru, inopiné, entre deux averses. Alors je le goûte, alors je le bois, et de toutes mes forces, et de toute ma joie. Mais sous le cuir, il y a des peurs qui n'existaient pas, des cauchemars que les autres n'ont pas ; sous le cuir il y a des images dégueulasses qui m'attrapent quand je ne m'y attends pas, des souvenirs poisseux que le temps n'épuise pas, et des pleurs que je ne sèche pas ; sous le cuir il y a de la rage, de la violence, parfois.

Et puis je ne suis pas sûre que se durcir le cuir soit un objectif valable, dans l'existence. Longtemps, j'ai eu du mal à pleurer. Il m'aurait fallu un équivalent au viol, sur l'échelle de Richter des imprévus, pour que je m'autorise à flancher, chercher une épaule, souffler. Jusqu'au jour où j'ai craqué, pour une vague histoire de dégâts des eaux dans mon appartement. Là, oui, j'ai pleuré. Et respiré : j'étais revenue dans le monde des vivants, ceux qui peuvent pleurer pour un dégât des eaux – et c'est vrai que ça fait chier.

Sans colère, sans crainte de l'autre, de sa possible cruauté, de sa potentielle intrusion, j'aurais aimé différemment. Fait l'amour différemment. Désiré, obtenu, vécu, marché, mangé, respiré, bu, différemment, si *ça* n'avait pas été. Ni mieux, ni moins bien. Différemment. De manière peut-être moins essentielle, moins urgente, moins immédiate aussi. Quand, à vingt ans, tu sais déjà à quel point le monde peut être laid, il y a des chances pour que tu passes les années qui te restent à le dévorer quand il est beau – si la vie te le permet.

Oui, mais.

Je ne suis pas née ce jour-là. Pas plus que je ne suis morte.

Je riais avant lui, je désirais, j'aimais avant *ça*.

Il y a eu un avant. Qui, forcément, irrigue encore l'après. Oui, mais où ? Oui, mais comment ? Oui, mais quoi ?

Le même viol aurait certainement produit d'autres effets sur une autre que moi. Alors au fond, qu'est-ce que je lui dois, moi ?

Vicieuse, la question.

Un jour, un ami y a répondu. Nous étions dans ma cuisine, en train de disserter sur nos échecs respectifs, et comment s'en relever, et comment rebondir... Cet ami-là était, à l'époque, du genre assez pétrifié par la vie. Plus que moi, en tout cas. Il a pris deux minutes pour réfléchir, a avalé une gorgée de café en silence, avant de suggérer : « En fait, tu as cette patate-là aujourd'hui parce que tu fais partie de ceux qui savent qu'ils auraient pu mourir. Ça, c'est grâce au viol, finalement... Et ça fait toute la différence. »

Vrai, ça fait une certaine différence. Entre une vie sans viol et une vie avec viol.

Faux, ça n'est pas « grâce » au viol.

Je dois ce que je suis à ce que j'en ai fait. Je le dois à ceux qui m'ont bien aimée, mes parents, mes sœurs, mes amis, mes proches, mes plus proches encore, je le dois à ce qu'ils m'ont permis d'en faire.

À lui, je ne dois rien.

À *ça*, je ne dois rien.

Rien n'est « grâce » au viol.

Le viol, je m'en serais très bien passée.

*

Je me suis longtemps raconté que j'avais la main. Sur tout, sur moi, surtout sur lui.

Dès le lendemain matin, reprendre ma vie à l'endroit même où elle avait basculé. Exactement de la même façon. Remettre mon T-shirt rouge, épingler mon badge d'hôtesse, attraper mes créoles, tirer mes cheveux en arrière, et retourner sur ma petite guérite, place du Palais-des-Papes. L'année suivante, y retourner encore. Retravailler au Festival d'Avignon, comme si rien – ou si peu – ne s'y était produit. Passer mon premier 24 juillet de la vie d'après, là-bas. Je suis plus forte que lui, je suis plus forte que *ça*. Il m'avait pris une heure quarante de ma vie, il était hors de question de lui accorder une seconde de plus. Il ne va pas me bousiller la vie, il n'a pas le droit, il ne va pas me bousiller la vie, je ne le laisserai pas. Il a quitté ma voiture ? Je le foutrai hors de moi. À coups de pied au cul, le mien, le sien. J'y arriverai. J'allais pouvoir rentrer seule chez moi le soir, j'allais pouvoir rire encore, danser encore, faire l'amour encore et encore. Ma légèreté, ma joie, elles étaient à moi. Inviolables, elles. Inaltérables. Il suffisait de le vouloir. En apparence, je traçais. Tout droit. Je laissais le rat à moustaches loin derrière moi. La vérité, c'est qu'il me mordait aux chevilles à chaque pas. Que je me débattais comme une folle pour ne pas trébucher. Ne pas glisser, ne pas sombrer dans cette fange où il m'avait entraînée. Les yeux fixés sur la rive, je redoublais d'efforts pour retrouver la terre ferme, celle à laquelle j'avais été arrachée, là où entrent dans l'oreille des pépiements d'oiseaux, pas mes cris, pas les coups ; où il fait toujours beau, et surtout jamais nuit ; où s'ébattent des corps déliés, dénudés, joliment vibrants, et, pourquoi pas, au milieu des pâquerettes, et, allez, au son d'une flûte de Pan… Vite, quitter ma réalité parallèle. Vite, me joindre de nouveau à eux, entrer dans leur ronde, retrouver ma place dans cette épatante parade nuptiale où toutes et tous s'accordent si parfaitement, où le désir est un papillon espiègle, le plaisir un bonobo rigolo, le clitoris une rose qu'on effeuille délicatement, le pénis, une abeille bien facétieuse, où les arbres disent « respect », et les roseaux, « s'il te plaît » – oui, là-bas, même les roseaux sont polis. Et le viol n'existe pas. Dans le pays où je rêvais de revenir, *ça* ne m'était pas arrivé. Pas à moi.

Je ne niais pas le viol : l'instruction était en cours. Mais j'en minimisais la portée, j'en escamotais les traces : elles auraient fait de moi une victime et je ne le supportais pas. L'idée me faisait horreur, le mot lui-même restait piégé dans ma bouche, bien serré entre mes dents. Victime. Impossible de le prononcer, il m'aurait coincée. Enfermée dans une boîte à larmes, pour toujours et à jamais. Dès les toutes premières secondes, ce soir-là, j'ai su qu'elle me guettait. Béante. À l'instant même où j'ai compris ce qui allait m'arriver, dans ce champ-là, dans cette voiture-là, j'ai refusé de m'y laisser aspirer. Il m'a dit : « Déshabille-toi. » J'ai pensé : « Je ne veux pas me retrouver dans le ghetto des femmes violées. » D'où ça sort, ça ? Je ne sais pas. Aujourd'hui encore, je trouve la formule incongrue. Sauf à se souvenir que, pendant des siècles, les victimes de viol ont été aussi, voire plus, sévèrement punies que les violeurs : répudiées, bannies, excommuniées, frappées du sceau de la honte, parquées, ensemble, loin des regards… Dans le ghetto des femmes violées. Nos mythes, nos légendes, nos paraboles en ont cultivé l'image. Elle a, forcément, nourri notre inconscient collectif. Au point que celles à qui ça arrive ont encore, au fond, parfaitement conscience de ce qui les attend : vivre à côté, vivre à moitié, vivre punies.

Ce soir-là, dans ce champ-là, cette voiture-là, je sais ce qui va m'arriver. Je sais à qui je vais ressembler. Les seuls modèles auxquels je puisse m'identifier sont les rares femmes que j'ai pu voir témoigner dans des émissions de télé. Le visage mangé par des lunettes noires trop grosses pour elles, elles portent des perruques hideuses, mal peignées, mal posées, et leur voix, brouillée, est au moins aussi moche que ce qu'elles racontent. On veut bien les montrer, à condition de les masquer. Faut-il qu'elles aient quelque chose de honteux à cacher… Recroquevillées dans un fauteuil trop grand pour contenir leur malheur, elles ne racontent pas la difficulté à vivre : elles *sont* la difficulté à vivre. Ce soir-là, elles me tendaient les bras. Alors j'ai détalé.

Quand on m'a conseillé, quelques semaines après, de rencontrer d'autres femmes qui avaient vécu la même chose que moi, j'ai détalé. Une association, le Collectif féministe contre le viol (CFCV), organisait des groupes de parole. J'ai voulu faire plaisir à tout le monde et comme tout le monde pensait que ça me ferait du bien, j'y suis allée. Au fin fond du 13e, tout en haut d'une tour. J'ai pris l'ascenseur, j'ai toqué à la porte. Et puis j'ai détalé. Je me suis juré de ne plus jamais y remettre un pied.

Je ne porterai pas de perruque. Poker Face, c'est mieux. Même pas peur, même pas mal, même pas violée. Je trafique ma vérité, j'ai mon costume de « rien n'a changé », je peux me glisser partout. Incognito, je peux encore taper l'incruste dans la Grande Fête dont on a voulu m'expulser. Mes douleurs, mes peurs, je les combats ou les garde pour moi. Mes proches m'emboîtent le pas. Eux savent. Avec eux, je peux pleurer. Mais les autres… Je veux la même vie qu'eux.

Je veux la vie tout court. Les premières années, je fais tout pour. Bien sûr, la réalité me rattrapera un jour – ça finit toujours comme ça... Mais quand je serai prête. Quand je serai sûre de ne pas me noyer. De pouvoir supporter l'idée que « ça » me soit arrivé, et que j'en porte, forcément, la marque quelque part. En attendant, Poker Face.

Poker Face dans la rue. Poker Face dans le bus. Poker Face dans l'amphi. Poker Face au tribunal. C'était tout à la fois : bouclier, arme, tenue de combat. Avec, je défendais ma place dans cette vie-là. Le temps de l'instruction, j'ai souvent cru y arriver. Mais je n'avais pas vu la faille dans le plan de bataille : ce qui pouvait me sauver était aussi ce qui risquait de me torpiller. Le verdict me l'a rappelé. Ça m'a sonnée.

Une heure après le retour des jurés dans la salle d'audience, mon armée de zombies erre devant le tribunal. On a froid, dedans, dehors, alors on se tient chaud. À l'autre bout de la place, dans la brume, deux silhouettes pressent le pas. À leur bras, des robes d'avocats. Ce sont les siens, ceux de la défense, ils tracent. Je ne résiste pas. Je quitte mes zombies, je fonce sur eux, les rattrape par la manche : « Parmi toutes les horreurs que vous avez pu dire dans ce tribunal, il y en a une que je vous interdis ne serait-ce que de penser : que mes souffrances, vous les connaissez, que vous les partagez... Elles sont à moi, mes souffrances. C'est tout ce qu'il me reste, alors je me les garde. Et ce n'est certainement pas avec vous que je vais les partager. » L'espace d'un instant, je crois les avoir désarçonnés, mais non : « On en a vu, des victimes, me répond l'un des deux, et autrement plus brisées que vous. » Je crois que je vais leur sauter à la gorge. Sauf que certains de mes zombies sont prêts à s'en charger. Ils marchent, tendus, vers nous. « Je vous conseille de filer, vous allez vous faire défoncer. » Le paternel vertical aurait félicité sa fille : la loi du talion, c'est toujours pas pour nous. Cette fois, ce sont eux qui détalent. Pas moi. Leur superbe les a précédés dans la brume : ils fuient. Fragile sentiment de revanche, à les voir devenir si petits... Quelques secondes délicieuses, à peine, et puis mes jambes qui flottent : j'ai pigé, je suis piégée.

Brisée. Voilà ce qu'on doit penser de moi, si je veux qu'on mesure le mal qu'on m'a fait. Si je veux être consolée, les larmes doivent encore couler. Et si je demande réparation, je dois avoir l'air toute cassée. À l'intérieur, ça compte pas. Faut du visible, faut du palpable : des traces de coups, des bosses, des cicatrices, ce que tu veux, mais la douleur tatouée sur ta peau. Surtout ne pas relever la tête : on t'a violée ? Tu regardes tes pieds. Comme toutes les filles de la télé. La perruque, t'es pas obligée, mais pour le reste, tu fais pareil : échine courbée, voix étranglée, regard apeuré.

Si seulement j'avais voulu faire un effort pour faire plaisir aux jurés, si, par exemple, j'avais été incapable de reprendre mes études – ou au moins, le métro –, j'aurais sans doute marqué des points. J'aurais peut-être même gagné. Gagné le procès, gagné mon statut de victime. Une forme de reconnaissance. Comme dans : « Une victime, on la reconnaît de loin. » Avec les preuves de la souffrance, le souvenir de la souillure, les stigmates de la faute sur elle. Mais là, rien. Je ne pleurais même pas. Normalement, un viol, on ne s'en remet pas. Ben alors... C'est que ça n'était pas si grave que ça, non ? P'têt bien. Voire, si ça se trouve, j'ai aimé ça. Pas de preuve du crime, pas de crime. Et pas de crime, pas de victime.

Ce que les avocats tout petits m'ont fait clairement comprendre, ce soir-là – et pour le reste de mes jours – c'est que la présomption d'innocence, pour les filles comme moi, avait un prix : celui d'une vie qui n'en serait plus vraiment une. Dans le cas contraire, je serais suspecte, sinon coupable, à tous les étages : d'avoir été violée, de ne pas en être morte, et, les jours d'après, de ne pas m'être contentée de survivre, mais bien d'avoir voulu vivre. Comme avant, ou presque.

Tu parles d'un choix !

De toute façon, j'avais perdu le procès. Il était trop tard pour hésiter sur la conduite à tenir.

Alors Poker Face dans ta face…

*

… Jusqu'au jour où t'as plus besoin de masque.

À quelques mois d'intervalle, quelques années après le procès, je suis tombée sur *King Kong Théorie*, de Virginie Despentes[1], et sur la biographie de Clémentine Autain[2]. Un ovni littéraire et un portrait de femme politique. Deux salles, deux ambiances. Le rythme, la mélodie, l'instrument, même : de l'une à l'autre, tout sonne différemment. Et pourtant, elles résonnent, de l'une à l'autre, et d'elles à moi. Elles ont été violées, mais elles n'ont pas peur de le dire. Le regard droit, la tête haute, elles n'ont même pas l'air d'avoir honte. Ni de l'avoir vécu, ni d'avoir survécu. Elles ont eu une vie après. La preuve, elles écrivent. De leur blessure, elles ont fait un récit, elles racontent pour s'insurger, elles dévoilent pour dénoncer. Leur souffrance, ou plutôt son souvenir, est un poing américain. Et elles se bagarrent, comme des brutes. Pour elles, pour toutes, pour nous, alors pour moi aussi. Elles sont sorties de cette voiture, elles sont sorties de ce campus, et elles sont debout. Je les trouve lumineuses, vivantes. Sidérantes.

Clémentine Autain décrit le soir qui tombe, les pas derrière elle, l'éclair cinglant du couteau. La vie toute tranquille qui bascule. La peur. La solitude. Pour la première fois, j'ai quelqu'un à côté de moi, dans mes restes de cette nuit-là.

Elle écrit : « Je me suis vue morte... Pendant les premiers jours, j'ai eu l'impression que ma vie était terminée. J'avais l'image que donne la société des femmes violées : celle de femmes détruites à jamais. » Wow. Elle aussi, elle les a vues, les femmes de la télé.

Elle écrit ensuite : « Il n'y a pas de honte à avoir. Et il ne s'agit pas de vie privée, mais de violation de l'intime. C'est jugé aux assises, en public. » Ça a été jugé aux assises, en public. Je n'ai pas de honte à avoir.

Et elle écrit encore : « Je crois que le viol n'est pas un tabou social par hasard. Cette chape de plomb est aussi une manière de faire taire les femmes. » Ce que j'ai ressenti, chaque fois que j'en ai parlé, ce silence gêné que je percevais, je ne l'ai pas rêvé. Tabou social. Chape de plomb. Et moi je reprends un peu d'air.

La lecture de Clémentine Autain m'a pacifiée.

Celle de Virginie Despentes m'a fait exploser. Je lisais, mes tempes battaient. Je lisais, je suffoquais. Sa plume gratte dans la plaie jusqu'à en tirer tout le pus. Ça fait mal ? Tant mieux. C'était là qu'il fallait appuyer. Là que se cachait l'abcès.

Elle raconte peu le viol. Elle raconte surtout l'après. Et le sort qu'on réserve à celles qui veulent un après. La violence d'un monde qui ne veut pas d'elles. La férocité avec laquelle on les traite, toutes, en fait. Violées ou pas violées. D'une manière ou d'une autre, on va devoir morfler. Pourquoi ? Pour être nées. Pour avoir voulu vivre, aimer, baiser comme on l'entendait. Femme tu es, femme tu vas douiller.

J'ai lu Despentes, et j'ai dévissé.

Mille fois, j'ai failli arrêter.

J'ai poursuivi, et j'ai bien fait.

Parce que Virginie Despentes écrit : « C'est la possibilité de la mort, la proximité de la mort, la soumission à la haine déshumanisée des autres qui rendent cette nuit indélébile. Pour moi, le viol, avant tout, a cette particularité : il est obsédant. J'y reviens, tout le temps. Depuis vingt ans, chaque fois que je crois en avoir fini avec ça, j'y reviens. Pour en dire des choses différentes, contradictoires. Romans, nouvelles, chansons, films. J'imagine toujours pouvoir un jour en finir avec ça. Liquider l'événement, le vider, l'épuiser. Impossible. Il est fondateur. De ce que je suis en tant qu'écrivain, en tant que femme qui n'en est plus tout à fait une. C'est en même temps ce qui me défigure, et ce qui me constitue. »

Voilà, c'est exactement ça.

Et la vérité sauve. Quelle qu'elle soit. Même avec le pus extirpé, même avec le souffle coupé.

Poussée, aidée, protégée par elles, j'allais pouvoir me parler vrai.

Vrai, j'étais victime.

Mais « victime », avec elles, devenait respectable. Parce qu'elles étaient admirables.

J'étais victime, parce que c'était lui le coupable.

J'étais victime, mais je n'avais pas eu le choix.

J'étais victime justement parce que je n'avais pas eu le choix.

Le choix, aujourd'hui, je l'avais : celui de ne pas le rester.

Elles *avaient été* victimes, elles ne l'étaient plus. Elles ne subissaient plus. Rien. Et certainement pas le regard des autres. Ni la honte. Et plus la peur. Libres, et fortes, et fières, elles nous défiaient.

Elles me défiaient.

Vas-y, toi, regarde-toi dans le miroir, approche-toi, si tu l'oses…

Debout devant mon miroir, je cherche encore des traces de *ça*.

C'est là.

J'ai subi *ça*.

Mais je ne suis pas que *ça*.

Je suis une *ex*-victime de viol.

Personne, surtout pas moi, ne peut me réduire à *ça*.

« Ce qui me défigure et ce qui me constitue. »

Ce viol est en moi, mais il n'y a pas que moi, et il n'est pas tout moi.

Il y a eu un avant. Il y aura un après.

Dans le miroir, aujourd'hui, je me vois, moi.

Devenir l'une d'entre elles

Je suis retournée au Collectif féministe contre le viol.

Le temps avait passé : presque dix ans depuis le viol, sept depuis le procès, un depuis Despentes et Autain. Surtout, j'avançais, non pas masquée, mais armée. Protégée par ma carte de presse, j'y retournais comme journaliste. Je pigeais, à l'époque, pour *Marianne*, et ma rédactrice en chef, qui par ailleurs connaissait mon histoire, m'avait proposé une longue enquête pour un état des lieux du viol en France. Dix pages sur le viol, c'était extraordinaire, à une époque où on en parlait bien moins que maintenant : j'avais la place que je voulais, j'avais le temps que je voulais, j'avais surtout une foule de questions restées sans réponse depuis toutes ces années. Et elles me taraudaient. J'avais beau les chasser, elles revenaient. Alors j'y suis retournée.

Pour la première fois, j'ai rencontré des femmes à qui c'était arrivé. J'ai affronté, en miroir, une partie de ce que j'étais. Celle que j'aimais le moins regarder. Elles, je les ai aimées. Contre toute attente, au-delà de toutes mes réticences, je me suis immédiatement sentie bien avec celles dont je partageais l'épisode le plus nauséabond de ma vie. Elles savaient que j'étais journaliste, pas comme elles. Mais victime, comme elles. Que j'écrivais pour moi, pour elles, pour nous. Dépassant, comme moi, leurs résistances premières, elles se sont jetées à l'eau. Elles ont raconté le viol, et les menaces qui pétrifient, les insultes qui cognent, les moqueries qui salissent, ce sexe dont tu ne veux pas, cette peau qui t'horrifie, ce moment où tu te crispes, et puis cet autre où tu lâches, celui où tu ramasses tes affaires, où tu files ventre à terre, où tu voudrais mettre tout ça derrière, mais alors la honte, et alors le dégoût de toi-même, et le regard des autres, qui t'implore le silence, pour peu que tu aies essayé de dire, et le temps, l'énergie, la force qu'il te faudra, ensuite, pour te laver de ce que tu crois être le poids de ta faute. D'ailleurs, elles s'étaient toutes lavées. Comme moi. On avait toutes fait la même connerie. Plus fort qu'elles, plus fort que moi, on savait pas. Comme moi, elles racontaient aussi que, depuis, elles avaient peur, partout, tout le temps. Et qu'elles étaient attentives à tout, au moindre bruit, au moindre mouvement : oreille dressée en permanence, et une paire d'yeux dans le dos. Ça s'appelle l'« état d'hypervigilance » et c'est l'un des symptômes du « stress post-traumatique ». Les mots étaient nouveaux pour moi, mais elles en souffraient toutes. Nous en souffrions toutes. Toutes, nous tentions encore, des mois, des années après, de rassembler des fragments de nous, ceux qui avaient volé en éclats à ce moment-là. Car, plus étrange encore, nous avions toutes ressenti ce moment où nous nous sommes coupées en trois : notre corps, notre Moi et notre Super Moi. Ça aussi, ça portait un nom. Comme toutes mes étrangetés, comme tous mes bleus cachés.

La première fois que je les ai entendus, formellement désignés, clairement définis, c'était aussi au cours de cette enquête. Le docteur Muriel Salmona, psychiatre, spécialiste des violences sexuelles[1], tenait une conférence en banlieue parisienne. Assise au fond de la salle, je notais : « Un viol, c'est l'équivalent d'un meurtre : le violeur veut vous détruire, et vous le ressentez à 100 %. La terreur et la violence sont telles qu'elles vous sidèrent. Le cortex ne parvient plus à moduler l'émotion. Vous n'avez plus le code de l'alarme. Pour ne pas disjoncter et mourir de stress, vous coupez le courant. Vous vous déconnectez : paralysie psychique et physique, anesthésie émotionnelle. L'esprit se dissocie du corps comme si vous étiez spectateur de l'événement. Ce faisant, vous stockez toutes ces émotions à l'état brut dans l'amygdale : c'est de la mémoire traumatique. Elle fonctionne ensuite comme une bombe à retardement. Un geste, une odeur, le moindre détail susceptible de faire le lien, même inconscient, avec le viol, et elle vous saute à la figure : vous revivez l'événement à l'identique, avec la même intensité. La vie entière devient un terrain miné. » J'ai coupé le courant pour ne pas disjoncter. J'ai stocké, j'ai enfoui, et parfois, je revis. Je ne suis pas folle : ça s'appelle un mécanisme de survie. La suite de l'exposé me parlait moins directement, mais j'ai quand même écrit : « Alors vous ferez tout pour éviter les bombes : ne pas en parler, ne plus y penser. Éviter certains endroits, voire ne plus sortir du tout. Éviter toute relation sexuelle, toute relation tout court. Mais ça ne marche pas. On ne peut pas oublier. Comme un endroit où on aurait cessé d'aller : on ne sait plus comment s'y rendre, mais il est toujours là. Cette mémoire traumatique se manifeste à votre insu : insomnies, dépression, fatigue chronique, troubles alimentaires… Ces symptômes sont très envahissants parce que personne n'en comprend les raisons. Pour vous en dégager, vous allez tenter de disjoncter à nouveau : susciter un niveau de stress suffisant pour vous anesthésier. D'où la multiplication des conduites à risques : alcool, drogue, tentatives de suicide… La seule issue, c'est la parole. Écoutée, entendue, la victime peut retourner dans l'événement sans être sidérée. Elle remet du sens dans le chaos : c'est lui le coupable, c'est elle la victime. La parole, peu à peu, démine cette mémoire traumatique. Élaboré, l'événement rejoint la mémoire autobiographique : c'est un récit, qu'on raconte au passé. Alors on s'en sort… »

Je n'ai pas fait d'insomnies, et pas fait de dépression.

Je n'ai pas connu de troubles alimentaires et je n'ai pas eu de conduites à risque.

Je ne me suis pas scarifiée, encore moins suicidée.

Parmi les femmes que j'ai rencontrées pour cette enquête, beaucoup sont allées très, très loin dans un processus d'autodestruction et j'avais parfois la terrible impression de les regarder, impuissante, rouler au fond du ravin, tandis que je restais, moi, sur le bord de la falaise, fermement maintenue par les miens.

Celles qui ont plongé sont celles qui n'ont été ni crues, ni entendues. Suspectes, voire coupables, même aux yeux de ceux qu'elles aimaient.

Pour la première fois depuis dix ans, je me suis dit que j'avais eu de la chance. Et que j'avais eu le bon viol.

Neuf fois sur dix, les victimes connaissent celui qui les viole[2]. Moi, pas. J'ai eu le bon viol parce que j'ai pu le détester, j'ai même pu le haïr, sans me couper d'un frère, d'un père, d'un ami. J'ai pu porter plainte, sans prendre le risque de porter atteinte à mon nom de famille. J'ai pu me révolter sans écorner les sacrements du mariage et ses satanés fondamentaux. J'ai pu avoir peur dans la rue et me méfier des inconnus : j'étais globalement raccord avec la morale populaire, qui n'a jamais vu d'un très bon œil ni les étrangers, ni les femmes dans l'espace public. Que dire de celles qui sont violées chez elles, dans leur lit, par leur mari, leur mec, leur ex ? Qu'elles sont majoritaires, parmi les victimes de viol. Mais qu'elles sont dans les dernières, sur la liste de celles qu'on écoute et qu'on croit – peut-être juste avant les putes, encore que. Récalcitrantes au « devoir conjugal », réfractaires au « repos du guerrier », elles ont mérité d'attendre jusqu'à 2006 pour que le viol conjugal entre dans le Code pénal – bien fait pour elles. Et elles poireauteront encore un peu avant qu'il ne soit plus une ineptie, pour la plupart d'entre nous. Écarter les pattes et serrer les dents, ça fait toujours partie du deal domestique[3]. Les victimes elles-mêmes en sont souvent les premières convaincues. Même si elles ont dit « non ». Même si ce « non » n'a pas été respecté. Attrapée sur un parking, violée dans un champ, en pleine nuit, par un homme que je n'avais jamais croisé de ma vie, j'étais plus facilement entendue. Pas forcément par une cour d'assises, mais, au moins, pour une bonne partie de ceux à qui j'en ai parlé. Ce que je racontais était reconnu comme un crime aux yeux de la justice depuis 1980[4]. À l'échelle de l'humanité, ça reste récent. N'empêche : le monde autour avait eu une vingtaine d'années pour se préparer à l'idée que, ce soir-là, je n'avais pas tout à fait eu envie de me faire tringler par cet homme-là.

En plus, moi, il avait un couteau. Et il n'était pas tard. Et je portais un pantalon. Trois petits détails qui font le bon viol : on avait pu admettre – pas toujours, mais parfois – que je n'aie *vraiment* pas eu le choix. Voire, que je ne l'avais pas *forcément* cherché. Pour les filles en minijupes, c'est toujours un peu plus compliqué[5]. Faut dire, c'est sexy, la minijupe. Après tout, elles savent comment ça marche, un mec… Cette chanson-là, Emmanuelle Piet l'entendait déjà quand elle était féministe débutante. Cofondatrice du CFCV, et présidente du planning familial du 93 au moment où je suis venue la trouver pour mon papier, elle s'en étranglait encore : « La minijupe, c'est notre tchador à nous : on a rien trouvé de mieux qu'agiter ce chiffon pour renvoyer les filles à la maison… Mais c'est complètement con : elles y sont bien plus en danger ! Que leur mec ait eu un couteau ou pas, au moment de les violer, d'ailleurs… Comment peut-on demander à une victime si elle s'est vraiment défendue ? Et pourquoi elle a pas crié ? Et pourquoi elle s'est pas tirée ? Est-ce qu'on demande à un lapin pris dans les phares d'une voiture pourquoi il n'a pas bougé ? » Je me suis vue en lapin devant les phares de ma 205, et j'ai éclaté de rire – je m'en souviens, parce que j'ai relativement peu ri, pendant cette enquête. Mais Emmanuelle Piet est rodée à l'interview : elle choisit ses mots, connaît ses effets. Et elle est déchaînée, quand on lui parle « sexualité » : « Mais c'est fini, ces vieilles croyances, oui ?! » D'accord, madame. « Ça vient de très loin, ça, vous savez ? Dans les premiers textes juridiques, le viol était inscrit au chapitre “luxure”, c’est quand même pas croyable ! » Pardon, madame, je savais pas. « Sauf que ça n’a rien à voir ! Ça n’est pas une sexualité. Si tu te prends un coup de pelle, tu vas pas me dire que tu fais du jardinage, non ? Le viol est une violence terrible qui touche à cette partie de notre anatomie, nuance… Il y a un désir, oui. Celui de détruire l’autre. Point. Ce qui excite le violeur, c’est de tuer psychiquement sa victime. Ça l’excite au point de disjoncter : sur le moment, c’est un monstre, c’est Hulk, et personne n’a envie de coucher avec Hulk. » Ça, non, madame. Pas coucher avec Hulk. Quant aux pulsions sexuelles de la créature en question… « Une vache, si tu ne la trais pas, elle explose. Un homme peut survivre s’il n’éjacule pas ! En matière de viol, il n’y a ni désir, ni besoin, et encore moins de pulsion. » Et paf. J’ai dit au revoir à Emmanuelle Piet, l’interview était terminée. J’avais des ailes, et si j’avais pu, j’aurais volé. Sur le chemin du retour, l’une de ses formules me trottait dans la tête : « Le viol est un meurtre sans cadavre. » Il tue, c’est vrai. Une partie de nous, c’est tout. Et moi je me sentais plus vivante que jamais.

Enfin, je comprenais ce qui m’était arrivé. Enfin, le chaos s’ordonnait. Peu à peu, tout faisait sens et, moi, je retrouvais le chemin de la sortie. Si je m’étais perdue dans le labyrinthe du grand n’importe quoi, du monde qui marche sur la tête, du rien qui ne fonctionne à l’endroit, j’étais loin d’être la seule. Nous étions des milliers, malgré nous, à y avoir été piégées. Priées de rester dans l’impasse par la communauté. Entraînées dans le cul-de-sac par un individu de type ordurier, qui, quel qu’il soit, suivait toujours le même mode opératoire. En 1986, le CFCV ouvrait la toute première ligne d'écoute, anonyme et gratuite, destinée aux victimes de viol : Viols Femmes Informations. Au moment où je me suis retrouvée, pour *Marianne*, dans le bureau des écoutantes, l'association avait reçu pas moins de 40 000 appels depuis sa création. Autant de témoignages, autant de petites fiches soigneusement rangées dans de hautes armoires métalliques. Marie-France Casalis, autre pilier du CFCV, les connaissait par cœur ou presque. L'une avec l'autre, ces voix anonymes racontaient ce qu'il est convenu aujourd'hui d'appeler la « stratégie de l'agresseur » et que je découvrais, abasourdie : « Quelles que soient les circonstances du viol, m'expliquait-elle, la stratégie du violeur est toujours la même. Et elle est parfaitement préméditée. » D'abord, isoler sa proie : la couper de son entourage, ou choisir un lieu désert. Ensuite, la mettre plus bas que terre : c'est le temps des coups et des insultes. Et puis le viol a lieu. « Là, il gonfle ses poils, comme un animal, et il fait terriblement peur. Enfin, il la culpabilise : c'est bon, il a assuré son impunité. » L'isolement, le lieu désert, les coups, les insultes, j'avais tout eu. Il m'avait dit aussi : « Si tu parles, je te tue. » Il m'avait dit encore : « Tu vois, faut pas parler aux inconnus. » Zéro faute. Parcours parfait de bout en bout : j'avais eu le kit complet. Menace et culpabilisation comprise. Efficacité redoutable. « Ils leur mettent cette gadoue dans la tête, au moment où elles sont le plus vulnérables, avait-elle conclu. Et si la société, voire leurs proches, en rajoute une couche, il leur devient quasiment impossible de se dégager de cette culpabilité. » Marie-France Casalis avait cette lumière dans les yeux, cette douceur dans la voix, quand elle me parlait. Elle donnait les faits à la journaliste, elle prenait par la main la femme que j'étais. Comme elle l'avait fait avec toutes, elle me ramenait à bon port, là où seuls les violeurs sont coupables, là où on fout la paix aux victimes. Rencontre après rencontre, au cours de cette enquête, je rassemblais mes neurones éparpillés. Mes idées se clarifiaient, mon cerveau se déprogrammait. La gadoue qu'on m'avait mise dans la tête commençait à disparaître et c'est maître Claude Katz qui m'en a définitivement libérée.

D'emblée, il m'a cueillie. J'avais à peine ouvert la bouche et posé ma première question, qu'il me reprenait déjà : « J'assiste les victimes, je ne les défends pas. Elles ne sont accusées de rien, elles. Elles n'ont rien fait de mal. » Ouch. Touchée. Émue. Bluffée. Il est pointilleux, maître Katz. Il sait le poids des mots. Il sait qu'en cour d'assises le combat commence sur le terrain du vocabulaire. Alors il te les prend par le colbac, les mots, et il te les retourne. Comme des crêpes. Il dit qu'il faut « inverser la charge de la preuve ». Il le fait. À chaque procès, à chaque accusé, il pose la question : « Qu'est-ce qui vous prouve, à vous, qu'elle était consentante ? » Vas-y, cherche, mec… Vas-y, fouille, dans tes souvenirs, la trace d'un désir, le moindre petit « oui » : tu galères, hein ? Tu sais que tu ne trouveras pas. Mais au cas où il te resterait encore un peu de repartie, revoilà maître Katz, avec son dictionnaire sous le bras. Gaffe, tu vas le prendre en pleine poire. « Céder, ça n'est pas consentir. » Un « oui » n'est un vrai « oui » que si on a la possibilité de dire « non ». On ne l'a pas, face à un supérieur hiérarchique. On ne l'a pas, face à son grand frère chéri, son père adoré, son grand-père si gentil, quand on est un enfant. On ne l'a pas, quand on est sous emprise. On ne l'a pas, face au tas de muscles décérébré qui te sert de mari, qui réclame, exige et pète un plomb – avec ou sans alcool, qu'importe, on ne l'a pas. On ne l'a pas, devant l'éclair d'un cutter, dans un champ, en pleine nuit. « Le consentement ne vaut que s'il est libre et éclairé » : maître Katz le répète, et il insiste encore. En cours d'assises, en interview. Ça finira bien par rentrer. Avec moi, c'est rentré. Oui, j'ai cédé. Non, je n'ai pas consenti. J'ai cédé parce que je n'ai pas voulu mourir. On a toutes cédé parce que c'était ça ou crever.

Je suis sortie de son cabinet. J'ai bouclé mon enquête. Et j'ai, enfin, arrêté mes « pourquoi moi ? ». J'avais passé dix ans à me le demander, dix ans à me torturer. C'était fini. Comme une énorme pierre qui vous leste les pieds, le ventre, le cœur, et qui, tout à coup, disparaît au fond de l'eau, tandis que vous, vous remontez à la surface. À l'air libre. Oh, c'était bon…

C'était tombé sur moi, pas parce que c'était moi. Je n'y étais pour rien. Ça m'était arrivé, parce que ça arrivait. Et partout, et tout le temps. Chaque année, ça arrivait à 94 000 autres femmes que moi[6]. Ça fait 7 800 femmes par mois ; 261 femmes par jour. Une toutes les sept minutes. Dont moi. J'étais juste un battement de plus dans la cadence.

La moitié de l'humanité, celle à laquelle j'appartiens, vit avec cette menace-là sur la tête. Pour 12 % d'entre nous, le viol ne sera pas qu'une menace[7].

Je suis l'une d'entre elles.

L'enquête m'avait appris les mots. Désormais j'y ajoute les chiffres.

Ce qui m'est arrivé n'est pas un fait divers, c'est un fait de société.

Je suis une sur dix, je suis une sur deux.

Une femme sur deux, en France, aujourd'hui, subira au moins une forme de violence sexuelle au cours de sa vie[8] : harcèlement, agression, attouchements, exhibitionnisme, au choix, ou tout ça à la fois. Une sur deux, ça vaut le coup de faire l'expérience, non ? Levez le nez de vos écrans, là, maintenant. Regardez autour de vous, vos collègues, dans votre open space ; ou les clientes des autres tables, si vous êtes au café ; ou les autres filles de la rame, si vous êtes dans le métro : autour de vous, là, maintenant, il y en a une sur deux. À qui c'est arrivé. À qui ça arrivera. Au moins une fois. Au moins une forme de violence sexuelle. À leur suite, si rien ne bouge, si on continue de laisser faire, parmi toutes les petites filles qui viennent de naître, dans votre entourage, une sur deux ne sera ni entendue, ni respectée, quand elle dira « non », à une main, à une langue, à une queue. Elle se les prendra quand même.

Dix ans après mon enquête, je tombais enceinte. Le jour où j'ai su que j'attendais un garçon, j'ai été soulagée[9].

Reste à savoir pourquoi elles ? Pourquoi nous ?

Reste à savoir comment expliquer à mon fils que, dans le monde où il a débarqué, existe un permis de violer : aujourd'hui encore, moins de 2 % des viols débouchent sur une condamnation[10]. À l'envers, ça marche aussi : 98 fois sur 100, les violeurs s'en sortent libres. Libres de se balader dans la rue, libres de s'arrêter en terrasse, libres de rentrer chez eux baiser leurs femmes – et de les cogner s'ils sont inspirés. Meurtre sans cadavre, le viol est un crime presque parfait. C'est un système séculaire, c'est un droit de cuissage planétaire. À force, on a fini par s'habituer. L'homme respire, boit, mange et viole. Parfois. Et ça arrive parce que c'est comme ça.

Sauf que *ça* arrive parce que tout invite les victimes à se taire, parce que leur silence est une arme, et qu'elle est celle des violeurs. Parce qu'ils savent parfaitement ce qu'ils font. Et parfaitement où ils le font. Ils violent dans un pays où 10 % des victimes seulement portent plainte[11] et où 73 % de ces plaintes seront classées sans suite[12]. Chez nous, chez eux, ils peuvent toujours violer peinards. Pour le moment. Mais si on parle, c'est fini. Si on se met toutes à les dénoncer, ils commenceront à hésiter. Et peut-être même à reculer. Ils sont violeurs, pas kamikazes. Des têtes monstrueusement froides, et pas des têtes brûlées. Tout y est soigneusement mesuré. Notamment le risque de se faire gauler.

Ça arrive parce que les flics sont mal formés.

Parce que les juges ne sont pas outillés.

Parce que les dossiers sont instruits par des hommes, par des femmes. Et que ces hommes, et que ces femmes, ont des convictions, des présupposés, des souvenirs d'une mémoire collective. Héritiers d'un système, ils en ont la culture dans les bagages : ils se trimballent avec, dans leurs commissariats comme dans leurs cours d'assises. Suivis de près par les jurés qui vont porter la responsabilité du verdict, par les journalistes qui vont choisir leurs mots pour couvrir l'affaire, par nous, public, qui les avalons. Mais ça s'arrange, ça. Ça se nettoie, les croyances. Ça se dégage, les stéréotypes. À défaut d'éliminer tout à fait le viol, on peut au moins le regarder en face, apprendre à écouter les victimes, commencer à condamner les coupables et le réduire, à l'arrivée, à sa portion congrue de psychopathes invétérés. Minoritaires, ils seront encore trop nombreux. Certes. Mais ça fera toujours des dizaines de milliers de femmes, pas mal de gosses, plus quelques hommes épargnés, et un sacré paquet de salopards incarcérés. On part de loin, ça risque d'être compliqué. Et long. Et lent. Mais ça vaut le coup d'essayer.

J'y crois.

Je vois l'ampleur du chantier, mais j'y crois.

Les « pourquoi moi ? » faisaient mal, les « pourquoi nous ? » me dopent.

Juste après le viol, j'avais transformé ma douleur en colère, pour me tenir debout. Avec ce tout premier papier, ma colère est devenue un combat.

J'ai bouclé mon enquête et je n'ai plus jamais regretté d'avoir porté plainte. Même si je préférerai toujours « porter » à « plainte ». Comme un coup que l'on porte, un coup de tête, un coup de poing. Un coup dans le vide, certes, en ce qui me concerne. Mais un coup quand même. Pousser la porte du commissariat, ça voulait dire : « Je suis victime d'un crime et je ne l'accepte pas. » Ça fait pas tout, mais c'est un bon début. Ne pas tolérer. Ne pas laisser faire. Porter plainte. Et tous les jours d'après, porter encore des coups. Dans les rotules du système, dans les couilles de ceux qui le maintiennent.

Balancer du porc

Je déteste arriver en avance, et puis il faisait beau. Je n'avais pas envie de monter tout de suite au bureau, et puis j'avais envie d'une clope. Je devais prendre l'antenne, j'avais encore un peu de temps, alors, sur le parvis de la Maison de la Radio, j'ai plutôt pris mon téléphone. Ouvert mon compte Twitter. On était le 14 octobre 2017.

Il y a d'abord ce hashtag, « balancetonporc », qui me claque à l'œil. Il m'amuse, je déroule. Ici, c'est une main aux fesses, des lèvres visqueuses dans le cou, une remarque scabreuse. Là, un plaquage dans l'ascenseur, une menace, un viol. Partout, des #balancetonporc. #balancetonporc, #balancetonporc, #balancetonporc. #balancetonporc. Je remonte le fil, je veux comprendre ce qui, à l'origine, a déclenché la marée. L'affaire Weinstein vient d'éclater et une certaine Sandra Muller, journaliste française, partie vivre aux États-Unis, appelle les victimes de harcèlement sexuel au travail à dénoncer leur agresseur sur Twitter[1]. #balancetonporc. Ça prend. #balancetonporc, #balancetonporc, #balancetonporc : ça défile. Peut-être parce qu'on est samedi, qu'il fait beau et qu'on a un peu plus de temps pour flâner sur les réseaux sociaux… Surtout parce que, depuis quelques mois – voire depuis trop d'années – chez certaines, chez nous toutes, la colère montait doucement, en sourdine, et n'attendait qu'une dernière étincelle pour exploser. Pourquoi maintenant ? Pourquoi comme ça ? Je laisse les historiennes de la pensée féministe répondre et je plonge, fascinée, dans les rouleaux. #balancetonporc, #balancetonporc, #balancetonporc. C'est cathartique, c'est hypnotique. Tweet après Tweet, je me régale, devant cette sororité flamboyante : des centaines, des milliers de filles qui ne se connaissent pas se donnent la main pour foncer dans le tas. Wow. Elles n'ont que leurs écorchures en commun, mais ça suffit pour faire bloc. Seules, bien souvent elles se taisaient. Ensemble, elles disent, elles racontent, elles envoient. Leur courage me bluffe, leur force m'épate. L'humour ravageur de certaines me fait rire, même si je sais l'énergie démentielle qu'il faut déployer pour transformer la bourbe en vanne. Surtout parce que je le sais, en fait. Très vite, j'ai envie d'en être. Comme quand, dans la cour de récré, tu vois le groupe des filles les plus cool de l'école préparer une bonne grosse blague : tu te retiens de les rejoindre. Mais pas longtemps.

Bonne fille, bonne élève, je suis les instructions à la lettre. C'est le harcèlement sur le lieu de travail qu'on est en train de passer à la tronçonneuse, je fouille dans mon stock d'agressions. *Exit* le « sale pute » de mardi gras, *exit* la pelle forcée par le tombeur aux palmiers trempés, *exit* le « tu veux que je t'apprenne à baiser » sur le chemin du collège. Le rat à moustaches d'Avignon, ça marche pas non plus. C'était pas précisément dans le cadre du travail : j'avais fini ma journée, on n'était pas collègues, et concrètement, ça n'était pas du harcèlement... Ayé. Je l'ai. Il y a vingt ans ou presque, je travaillais de nuit, à la Maison de la Radio... Sauf que ça m'emmerde de donner un nom. J'ai le pouce sur le clavier, j'hésite. Que cette vermine de rédacteur en chef soit, individuellement, condamné sur les réseaux sociaux, vingt ans après les faits, ne changera pas grand-chose à ma vie – ou à la face du harcèlement. L'effet qu'il a produit sur moi, comparé au rat d'Avignon, est de l'ordre de la pichenette. Ça ne rend pas ce qu'il m'a fait moins dégueulasse, mais je m'en suis remise. En revanche, ce qui se passe sous mes yeux – et sur Twitter – est plutôt de l'ordre du tsunami. Voir déferler en pleine lumière une vague puissante, compacte, massive, qui, à elle seule, donnerait l'étendue d'un phénomène jusque-là souterrain, ça, oui, ça me botte. La parole est la seule arme valable contre toute forme de violence sexuelle, je le sais. Et je le vois, elles l'ouvrent, de plus en plus nombreuses, et de plus en plus fort. #balancetonporc, #balancetonporc, #balancetonporc. Moi, je m'en suis remise. #balancetonporc. Je pourrais l'ouvrir avec elles. Je devrais l'ouvrir avec elles. Ajouter ma goutte d'eau pour faire encore grossir la vague... J'allume une seconde cigarette avec la première, je réfléchis, je doute, j'oscille, mais je lis un, puis deux, puis trois messages où le nom de l'agresseur n'est pas mentionné. On est bons. On va pouvoir y aller. Je tweete : « Un red chef, grande radio, petit couloir, m'attrapant par la gorge : "un jour, je vais te baiser, que tu le veuilles ou non" #balancetonporc » C'est tout. Sentiment du devoir accompli. Satisfaction passagère du petit coup de latte dans la fourmilière.

J'écrase ma deuxième cigarette. Je montre mon badge à la sécurité. Je dépose mon portable en régie. J'ai balancé du porc. C'est vrai que ça fait du bien. Mais je n'y pense déjà plus quand je rentre en studio.

Deux heures plus tard, je récupère mon téléphone. Mon Tweet a fait des petits. Mais alors beaucoup, beaucoup de petits... On a aimé (ce qui, en langage Twitter, ne signifie pas forcément qu'on se réjouisse de me savoir coincée dans un couloir), on a partagé, on a commenté. Des centaines de fois en deux petites heures. Globalement, on me soutient. Parfois, on m'interpelle. Très vite, bien sûr, on me demande pourquoi je ne donne pas de nom. J'explique, une fois, pas deux, que, pour résumer, le quantitatif me semble plus efficace que le nominatif. J'écris, j'envoie. Une fois, pas deux. Je range mon portable au fond de mon sac, persuadée qu'on s'est toutes bien marrées à sauter dans la flaque, mais que dès demain, on remettra nos bottes de pluie au placard. En attendant, on est samedi soir, il est 22 heures, j'ai des talons de 12 et je vais danser.

Le lendemain matin, mal aux pieds-mal aux cheveux, je dis bonjour à ma gueule de bois, bonjour à mon fils, bonjour à mon portable. Une aspirine, un biberon, un déverrouillage clavier, et je consulte mon fil Twitter. Deux minutes, juste le temps d'avoir aussi mal aux yeux. Mon Tweet a continué de tourner. On est sortis, depuis longtemps, du cercle des abonnés, ceux avec lesquels je pourrais éventuellement partager une forme de sensibilité... Et je me fais insulter. Comme toutes celles qui ont balancé du porc, je me retrouve recouverte de fange. Mon fils ayant par ailleurs choisi ce matin-là pour avoir une gastro, je nage doublement dans le vomi. C'est ce qu'on appelle un bon dimanche. Je cale mon portable au-dessus du Frigidaire, me jure de ne plus y toucher, et passe la chair de ma chair au Karcher. Je change sa couche, je hausse les épaules. La flaque était juste un peu plus profonde que prévu, on en est encore un peu éclaboussées, mais ça passera.

C'est dans l'après-midi que le téléphone commence à sonner. RTL. France Culture. *Libération*. #balancetonporc a déboulé en conférence de rédaction. Parce qu'on est dimanche, qu'il fait toujours aussi beau, qu'ils n'ont rien d'autre à se mettre sous la dent. Ou peut-être parce que, contrairement à moi, mes camarades journalistes ont la distance nécessaire pour flairer ce qui commence à ressembler à un sujet. Nous sommes finalement assez peu nombreuses à s'être jetées à l'eau sans être totalement anonymes, c'est sans doute ce qui les intéresse chez moi. Incrédule, je réponds à leurs questions. Ils sont surexcités, j'ai tendance à les calmer. Le fait d'être recouverte de vomi, réellement et virtuellement, ne m'invite pas à l'enthousiasme, c'est vrai. J'ai surtout le rat à moustaches bien en tête. Je me souviens d'avoir, vingt ans plus tôt, tenté de l'ouvrir aussi et d'avoir juste avalé de la boue. Je reconnais, sur mes mentions Twitter, les mêmes accusations, la même suspicion, le « si ça se trouve, elle ment », le « à tous les coups, elle exagère ». J'en ai la nausée – et l'optimisme légèrement verrouillé. Alors non, je ne pense pas *qu'il se passe quelque chose*. Eh oui, dès lundi, une fois l'émotion retombée, tout le monde aura oublié. Pas nous, aucune de nous. Mais le reste du monde, si. Mes camarades journalistes insistent et, cet après-midi-là, je commence à entendre ce qui ressemble à un élément de langage : « La parole se libère. » Elle est dans toutes les bouches de ceux qui m'interviewent. Elle m'agace déjà. Parce que le contresens est violent : voilà des femmes qui ont le courage de regarder leur agresseur en face et de *prendre* la parole pour dire ce qu'il leur a fait subir. Voilà le monde, autour, qui une fois de plus les réduit à une inextricable passivité : la parole se serait libérée toute seule comme une grande et elles n'y seraient pour rien. Cette fois non plus, elles n'ont droit à rien. Même pas la reconnaissance de l'action. Mais il y a pire : que la parole « se libère » ou pas, toute la question est de savoir si les oreilles, elles, vont enfin se déboucher. Je rappelle les chiffres à mes camarades journalistes, les 10 % de plaintes, les 1 à 2 % de condamnations. Je les traduis : ça veut dire que, la plupart du temps, même quand les femmes parlent, elles ne sont pas audibles. Oui, mais cette fois, on les entend, justement, tentent-ils, pleins d'un espoir que je crois sincère, aussi bien pour le monde sur lequel ils ouvrent les yeux, que pour un papier qu'ils espèrent boucler avec un happy end. Mon Tweet a eu de l'écho, et, ils en sont persuadés, c'est la preuve que les choses bougent. Mouais. Désolée les gars, mais vu ce que je lis sur Twitter depuis ce matin, je me permets d'en douter. Et de raccrocher. Et de refuser les interviews suivantes. Les demandes s'enchaînent, et le lendemain, et toute la semaine. J'accepte, quelques fois, un peu par devoir : je sais, je devine, toutes celles qui se taisent ; j'ai commencé à parler, je leur dois une sorte de service après-vente. Mais je refuse, la plupart du temps, par scrupule : je sais, j'imagine, ce qu'est le harcèlement sexuel au travail et je ne peux absolument pas en être une sorte d'incarnation médiatique, ce serait de la publicité mensongère. La réalité du harcèlement, ce sont des vies brisées, des femmes exsangues, des années de menaces, de torture mentale et d'humiliation. J'ai eu la chance immense que cette vermine de rédacteur en chef ne recommence jamais. Car, contrairement à ma direction, mon réalisateur m'a crue. Il était fort, il était costaud, il était bourru. Chaque fois que la vermine tentait une vague approche, il se levait de sa chaise, s'interposant physiquement entre nous, et la vermine décampait – le courage n'étant jamais ce qui caractérise les agresseurs, ils ne sortent du bois que s'ils sont sûrs d'être en tête à tête avec leurs victimes. Quoi qu'il en soit, je ne pouvais pas porter cette cause-là. Le viol, j'aurais pu. Je me savais plus légitime. Mais il était encore trop tôt. De toute façon, la suite immédiate m'a donné raison : les oreilles qui se débouchent, c'était pas pour tout de suite.

#balancetonporc, dès le lendemain, en une du *Parisien*. Une double page, carrément. Avec de longs et beaux témoignages de femmes à qui on a permis de raconter leur histoire, au-delà d'un simple Tweet, pour comprendre, à travers elles, ce que peut être la réalité du harcèlement en France… Je déconne. Elles sont inexistantes, ce lundi-là, dans ce journal. En revanche, si on veut, on peut découvrir ce que Michel Cymes, Élie Semoun ou David Pujadas pensent de tout ça. Et comme on est décidément trop bien entre mecs, Alain Afflelou est aussi de la partie. Je sais, c'est fou, Afflelou, mais son avis sur ces milliers de femmes humiliées, agressées, violées, je m'en tape. Puissamment. Ce jour-là, je suis folle de rage contre mes camarades journalistes. Ainsi donc, même quand des milliers de femmes humiliées, agressées, violées, prennent la parole, il est nécessaire, voire urgent, voire impératif d'entendre ce qu'en pensent les hommes ? Que nous vivions dans un monde désespérément dessiné, analysé, expliqué, commenté par des hommes, que la parole publique leur soit prioritairement réservée[2], n'est un secret pour personne. Mais cette fois, on était sûrs que ça ne pouvait pas attendre un peu ? Évidemment, le sujet les concerne aussi – et comment… On le sait, le combat pour l'égalité ne se gagnera pas sans eux. Bien entendu, le point de vue de l'autre moitié de l'humanité a son intérêt. Si seulement on avait pu laisser passer le lundi… Surtout qu'ils sont totalement à côté de la plaque. Ces femmes disent « agressions » ? Ils répondent « séduction ». À celles qui racontent des corps qui oppressent, des souffles qui menacent, des « salopes » et des « je vais te baiser », ils parlent mandoline et bouquets de fleurs. À vrai dire, je ne sais pas ce qui est pire : confondre sincèrement les deux, ou faire semblant. Mais dans les deux cas, les agresseurs peuvent leur dire merci. Leurs victimes auront beau balancer, ils auront toujours des amis sur qui compter, et de ce qu'ils nous font, même à échelle systémique, il n'est toujours pas question.

La semaine, les mois qui suivent, l'élite de la pensée française défile au micro pour défendre ce qui se retrouve à ce jour, et à leurs yeux, gravement menacé : une certaine idée de la virilité, un apparent équilibre entre les sexes, et, en réalité, leurs propres couilles. Fantasmant sans doute, derrière chaque Tweet, une paire de ciseaux volants qui irait s'abattre *pile* sur leur braguette, ils nous mettent en garde : parler, c'est bien, dénoncer, c'est mal. Eux savent. Alors ils vont nous dire. Nous faire des rappels à l'histoire, histoire de nous rappeler à l'ordre. Craignant une possible « dérive maccarthyste », ils s'insurgent contre une potentielle « idéologie totalitaire », et, comme ils savent aussi lire l'avenir, ils anticipent déjà une éventuelle « chasse aux sorcières », dont ils nous précisent, cruches que nous sommes, qu'elle a déjà fait beaucoup, beaucoup de mal par le passé – ignorant visiblement que, sur les tas de bois, on a plutôt l'habitude de voir des femmes cramer.

Et puis ils n'aiment pas le mot. « Balancer », ils trouvent que ça sent pas bon, et que, si on continue à jacasser à tort et à travers, ce sont des bruits de bottes (à talons) qui nous guettent, des rafles d'innocents accusés à tort qui se profilent, et, en somme, le retour d'une sombre époque où la délation devient sport national qui nous attend… Et hop ! Point Godwin atteint, précis linguistique en préparation. Parce que « porc », c'est moche. Là-dessus, ils sont unanimes. C'est grossier. C'est vulgaire. Pas joli, les gros mots, dans la bouche d'une fille – un peu plus, et ils nous lavent la bouche au savon. Tous d'accord pour réserver leur temps d'antenne à l'analyse stylistique du hashtag, ils manquent de peu l'occasion d'être clairvoyants. Dans le bruit médiatique, le mot dièse efface le chiffre clé : une femme sur cinq harcelée sur son lieu de travail. L'info, c'était celle-là. Ils auraient pu l'interroger, se demander pourquoi, se demander comment, et puis qu'est-ce qui pousse à, non mais qu'est-ce qui permet que, et surtout qu'est-ce qu'on fait, maintenant ? Mais non.

Débats déplacés, agresseurs à l'abri, par un gigantesque tour de passe-passe, on retombe sur nos pattes :

ce sont ces femmes qu'on montre du doigt. Elles ont failli être reconnues victimes, elles sont de nouveau coupables. Qu'on envoie ces péronnelles au piquet ou ces sorcières au bûcher, qu'on les infantilise ou qu'on les satanise, ce qu'il faut, visiblement, c'est qu'elles la bouclent. Au plus vite. Et le monde pourra continuer à marcher sur la tête.

*

Quatre jours après mon Tweet, trois jours après le vomi en ligne, deux jours après la une du *Parisien*, entre une chasse aux sorcières et un point Godwin, je suis retournée en studio. J'ai repris le micro.

Cher Twitter,

Je t'ai écrit, samedi soir. J'étais un peu énervée. Entre l'affaire Weinstein et Cantat en une des Inrocks, *j'avais comme une légère nausée, tu vois. Alors j'ai écrit ça : « Grande radio, petit couloir, un red chef, m'attrapant par la gorge : "un jour, je vais te baiser, que tu le veuilles ou non" #balancetonporc » C'est tout bête, hein ? Moi, je vis avec depuis vingt ans. Mais toi, ça t'a fait tomber de ta chaise, dis donc. Tu as eu l'air très étonné. Au début, tu m'as trouvée courageuse. Tu m'as même dit que j'avais des burnes. J'ai eu envie de te répondre que techniquement, les burnes, c'était lui qui les avait, mais j'ai laissé tomber. J'ai pas envie de tout réexpliquer à chaque fois, je te jure, c'est fatigant. Surtout quand tu m'écris : « Hein, quoi, comment, ces choses-là existent vraiment ? » Tu sais quoi, Twitter ? Je sais pas sur quelle planète tu vis, mais je veux bien l'adresse. Parce que chez toi, visiblement, ces choses-là, ça n'arrive pas. Ni à tes sœurs, ni à tes copines, ni à tes voisines. Se faire coincer dans un couloir, ou contre un mur, ou sous un porche. Un bras autour du cou ou une main sur les fesses qu'importe, non, chez toi, visiblement, ça n'arrive pas. Alors t'étais horrifié. Pourtant tu sais, Twitter, je t'ai ménagé. Je t'ai raconté ce que j'ai vécu, ce que tes sœurs, tes voisines, tes copines ont vécu de plus soft. Plus, tu n'aurais pas supporté. Là, au moins, t'as pu trouver ça drôle. Si, si, tu m'as écrit « LOL ». Tu lui as trouvé du caractère, à ce « petit cochon » de rédacteur en chef comme tu l'appelles. Par contre, moi, t'as trouvé que je manquais sérieusement d'humour. C'est vrai que t'es un rigolo, toi. T'aimes bien les blagues, hein ? Puis t'es curieux. Ouh là, ce que t'es curieux... « Vous n'avez pas cédé, au moins ? » tu m'as demandé. Parce que les premières heures, tu me vouvoyais encore. Alors pardon, mais c'est vrai que j'ai eu un petit peu la flemme de t'expliquer la différence entre céder et consentir. Faut dire, tu m'as pas laissé le temps. Tu es très enthousiaste, tu veux tout savoir, hein ? Et par exemple : « Il était musulman ? » Là, je t'avoue, j'ai pas compris la question. En même temps, tu t'en moques. Ce que tu veux, au fond, c'est un nom. Oui, très vite, tu me demandes un nom. Je te réponds que le nom, on s'en fout. Que ce qui compte, c'est les faits. L'ampleur massive des faits. Que le lynchage* ad hominem, *c'est pas mon truc. Je t'explique doucement qu'à l'époque, j'ai donné son nom. À ma direction. Mais qu'on ne m'a ni crue, ni entendue.*

Toi non plus, tu n'entends pas. Tu redemandes un nom. Non, tu réclames, tu exiges. Je ne réponds plus, mais mon silence t'énerve. Tu es gourmand, hein ?

Moins je te donne à manger et plus tu as faim, on dirait. Tu m'as dit : « Tu dois donner un nom, sinon ta démarche est ridicule » – entre-temps, on est dimanche et tu t'es mis à me tutoyer. Tu dois penser qu'on est intimes, maintenant. Et que tu peux te permettre de me dire que je suis lâche et responsable de toutes celles qui sont tombées, après moi, dans les pattes de ce porc. Ah tiens ? C'est moi qui suis lâche et responsable ? C'est vrai que t'aimes bien les blagues, toi... J'ai failli te répondre que je ne te dois rien. Que les victimes ne te doivent rien. Qu'elles n'ont d'injonction à recevoir de personne. Qu'elles font comme elles veulent et surtout comme elles peuvent. Mais à ce stade-là, tu entends encore moins. Tu bombes le torse, tu montres les crocs. Tu étais presque séduisant au début, tu es devenu humiliant. Tu t'es nourri tout seul, entre-temps. De ce que ta machine à fantasmes a pu avaler. « Si tu ne dis rien, tu m'écris, c'est que tu veux protéger ton petit confort. Cette promotion que tu as obtenue en couchant avec ce red chef et maintenant tu dis que c'est un viol, c'est dégueulasse. Mais tu ne le nommes pas, pour garder ton poste. » Tu es magique, parfois, Twitter, tu sais...

Et c'est drôle, tu vois, parce que tu me fais vraiment penser à quelqu'un. Je parle, tu me dis que je mens. Et puis tu veux des preuves. Tu veux que je me justifie. Plus je résiste, plus tu insistes. Tu pousses, tu me contrains, tu m'insultes et puis tu frappes. Tu frappes fort, oui, mais tu sais, j'ai le cuir dur, à force. J'ai failli regretter mon Tweet, tu as failli gagner, Twitter. T'as marqué des points, ça, c'est certain. À te lire, combien ont reculé ? Combien ont décidé, finalement, de ne pas tweeter ? Tu les entends, toi aussi, dire partout que la parole se libère ? Et tu rigoles, hein ? Moi, non. Moi j'ai un peu envie de pleurer. Parce que la parole, elle s'est souvent libérée. C'est juste qu'on ne l'a pas entendue. Alors dis-moi, Twitter, que tu n'es pas si sourd que ça. Dis-moi que cette fois, tu as compris. Qu'à la prochaine blague salace, tu ne rigoleras pas. Et que quand ta collègue de bureau te parlera, dis-moi que tu la croiras. Promets-moi que ton fils, tu lui diras qu'il ne faut pas. Promets-moi que ta fille, tu lui diras qu'on n'a pas le droit. Fais-le, cette fois, hein ? Allez, je t'embrasse, Twitter. Et sans rancune.

Ce jour-là, après ma chronique, les hyènes se sont tues. Je m'attendais à une nouvelle salve d'insultes, je n'ai rien eu. Je me suis juste demandé si lui l'avait entendue.

Longtemps, bien longtemps après, j'ai appris qu'avec mon Tweet, le hashtag était devenu viral, en France. J'ai jubilé. Je sais, l'esprit de revanche, c'est sans doute pas beaucoup plus joli que les gros mots dans la bouche d'une fille… Mais j'ai imaginé chaque Tweet lui rentrer dans les dents, et j'ai compté le nombre de chicots que ça lui ferait. Beaucoup.

Balance ton viol

« *Viol : j'ai pris perpétuité. Et lui ?* »

On vient d'arriver place de l'Opéra. C'est la première pancarte que je lis, elle me saisit. Froid dans le dos, chaud au cœur, les deux. Je me retourne, cherche des yeux, dans la foule, ceux de mon mec. Il l'a vue aussi. Il est là. Il me devine. Ma tête glisse vers Avignon, il le sait. Sans dire un mot, il me sourit, il me retient : reste ici, « lui », on s'en fout, aujourd'hui… T'as pris perpète, c'est pas totalement faux. Ce viol, tu te le traînes, c'est ton boulet, ton fer au pied, il te pèse lourd encore parfois, mais regarde, regarde le chemin que tu as fait, regarde où tu es, regarde ici, regarde maintenant, surtout regarde autour de toi : la place est noire de monde, noire de colère, violette d'une rage et d'une révolte qui sont aussi les tiennes. Cette fois, je suis loin, très loin d'être seule. Nous sommes des dizaines de milliers, ce 23 novembre 2019, à Paris et dans toute la France, à ne plus avoir honte, à ne plus avoir peur – ne serait-ce que le temps d'un cortège –, prêtes, malgré nos fers aux pieds, à piétiner le pavé et le souvenir de tous ces salopards qui voulaient nous faucher.

Debout. Envers et contre tout, debout. Contre « lui », malgré eux, debout. On est debout, on chante *Debout* :

Nous qui sommes sans passé, les femmes,
Nous qui n'avons pas d'histoire
Depuis la nuit des temps, les femmes,
Nous sommes le continent noir...

Comme beaucoup ici, j'en connais les paroles par cœur. Et comme la plupart d'entre nous, elles me mettent toujours les poils. Créé dans une chambre de bonne, au début de la décennie 1970, l'hymne des femmes[1] éclate en plein soleil cet après-midi-là : entre les toutes premières militantes du MLF et #NousToutes, collectif à l'origine de la manifestation, le relais est passé, la relève est assurée. Depuis deux ans, depuis #balancetonporc, depuis #MeToo, elles remontent au créneau tous les jours, pour vider « l'océan des violences (sexistes et sexuelles) à la petite cuillère », comme dirait Anne-Cécile Mailfert, présidente de la Fondation des femmes[2]. Pour la première fois, à voir cette marée humaine, j'ai le sentiment que, oui, grâce à elles, il se passe *peut-être* quelque chose dans ce pays. J'ai le souvenir de mes tout premiers 8 mars, où nous étions trois poignées, place de la Bastille. Dans l'air, flottaient une mélancolie, une amertume proche de la résignation. On nous disait ringardes, on se savait inaudibles. Aujourd'hui, même Dior pond des slogans féministes[3]. En soi, je ne suis pas sûre qu'un T-shirt à 250 balles soit une bonne affaire pour la cause. Il a au moins le mérite de signifier les kilomètres parcourus en si peu de temps. Pendant des années, on s'excusait presque d'être féministes. Bientôt, on va surtout se demander comment ne pas l'être. Les réponses n'y sont pas, toujours pas, mais au moins, depuis deux ans, la question est posée : comment pouvez-vous tolérer que vos femmes, vos sœurs, vos filles aient une « chance » sur deux d'être agressées, battues, humiliées ? Combien de temps allez-vous laisser la moitié de l'humanité se faire maltraiter par l'autre ? Toutes celles qui sont là, aux marches du palais Garnier, ne disent pas autre chose. C'est aussi simple, aussi gigantesque que ça.

J'ai hésité longtemps, mais j'ai laissé mon fils à la maison : vu le boulot qui reste à faire, il a toute sa vie pour accompagner sa mère en manif. Peut-être qu'il ira seul, d'ailleurs. Il y a beaucoup d'hommes, cette fois, dans le cortège. Je n'en ai jamais vu autant marcher contre les violences faites aux femmes. On dirait qu'ils ont compris. Que ça les concerne aussi. Qu'ils ont un rôle à jouer. Qu'il y a, surtout, un camp à choisir. Et que ne rien dire ne suffit plus. Depuis deux ans, la plupart se taisent, laissant vociférer tous ceux qui hurlent à la mort programmée de leur espèce. Ils ne sont pas forcément d'accord. N'ont pas forcément envie, eux, de mesurer leur virilité à coups de décibels ou à coups de poing. Savent parfaitement faire la différence entre une femme qui dit « non » et une femme qui dit « oui ». Ne se sentent ni bafoués par les premières, ni menacés par les secondes, et leur désir s'éteint quand il n'est pas partagé. Alors, ils ne reconnaissent pas leur sexualité quand on leur parle de « besoins » ou de « pulsions » irrépressibles – et trouvent même légèrement humiliant qu'on ne leur accorde pas beaucoup plus de subtilité qu'un teckel en rut. Ceux-là, bien souvent, n'ont pas de problème à nous laisser parler. Depuis deux ans, ils ont plutôt tendance à nous écouter. De toute façon, même les mieux intentionnés sont complètement largués dans le débat qui s'est ouvert avec #MeToo : ils découvrent, bouche bée, ce que les femmes commencent à raconter. On pourrait leur reprocher de ne pas avoir voulu ouvrir les yeux avant, d'avoir été, par leur silence, coupables de complicité tacite, soupçonner même, chez certains, un vague réflexe de solidarité bitale, mais ils sont là, aujourd'hui. Il y a quelques jours, certains signaient cette tribune, dans *Libération* : « Nous marcherons le 23 novembre avec les femmes pour lutter contre les violences sexistes et sexuelles[4]. » Le texte appelait les hommes à descendre dans la rue avec nous. Pas devant nous, avec nous. Pas au premier rang, à côté. Nous laisser donner le coup d'envoi, mais nous emboîter le pas, sans nous dire comment marcher. Pour eux, ouvrir une troisième voie : ni le doigt sur la couture du pantalon, ni le « féminazi » au bord des lèvres. Garder leurs couilles bien accrochées, mais, justement, les emmener en manif avec nous. Tous ceux qui sont là, aux marches du palais Garnier, ne disent pas autre chose.

Mon mec regrette même de ne pas avoir trouvé une écharpe violette à se mettre autour du cou pour l'après-midi[5]... Certes, je n'ai pas encore réussi à lui faire dire qu'il était féministe, mais je le soupçonne de résister par pur esprit de contradiction. M'en fous. Je l'aurai. Et j'adore cette phrase : « Derrière tout homme conscient des inégalités femmes-hommes, se cache une féministe au bout du rouleau. » Je me donne encore quelques mois pour lui faire admettre toute la nécessité de l'écriture inclusive, et après, j'irai me coucher. En attendant, on danse. Beyoncé hurle dans les enceintes :

« *Who run the world ? Girls !* » C'est incantatoire, c'est ébouriffant, c'est contagieux : on arrive place de la République, et le monde nous bouffe dans la main. On a la force du collectif, la puissance d'un peuple qui se soulève, la grandeur de celles qu'on n'a pas pu abattre. On en a l'humour corrosif, éclatant, redoutable. Un clitoris en carton se balade au-dessus de nos têtes, épinglé sur une pancarte : « *This is not a legend.* » On rit.

« *Laissez-nous la chatte, léchez-nous tranquille* » : on rit aussi.

« *Et pourtant, j'aime la bite* » – oh oui…

« *Elle est pas habillée comme une pute, tu penses juste comme un violeur* » : on rit encore, on applaudit.

Je frémis. Au mot « violeur », le rat à moustaches a refait surface. Pour le chasser, je chante. Je danse sur lui. Et je vois le sourire de Caroline de Haas, juste au-dessous de la porte Saint-Martin. Si des dizaines de milliers de femmes (et d'hommes) sont dans la rue aujourd'hui, c'est en grande partie grâce à elle : au pied de la sono, elle exulte et elle a bien raison.

Merci, Caroline. Bravo, Caroline.

On se tombe dans les bras et on pleure.

On pleure parce qu'on est fatiguées.

On est fatiguées depuis deux ans de répéter que, oui, on peut se battre *pour* les femmes, sans se battre *contre* les hommes – enfin, pas tous. Que rétablir un équilibre ne veut pas dire inverser une domination. Qu'on aime les hommes, que c'est plutôt les agresseurs qu'on n'adore pas. Et que même, pour certaines, on en a un dans notre vie – la prochaine fois, on vous l'amène en trophée, si vous voulez. C'est limite dégradant, cette « douceur féminine » qu'il nous faut toujours renvoyer, sous les aboiements de ceux qui crèvent de trouille... Non, instaurer une nouvelle Terreur ne fait pas partie de nos plans secrets. Mais oui, vivre dans un monde où les violeurs auraient peur de violer et les cogneurs de cogner, c'est un chouette projet. Ça nous changerait de ce monde-ci, où les femmes marchent dans la rue, vont au bureau, rentrent chez elles en ayant peur d'être sifflées, suivies, reluquées, molestées, coincées dans un ascenseur, et de prendre, au passage, une bite ou une beigne qu'elles n'auraient pas souhaitées.

On est fatiguées d'en être toujours à ce niveau-là du débat.

Fatiguées de rappeler que, oui, les hommes peuvent aussi être victimes de coups, d'agressions et de viols. Plutôt quand ils sont jeunes. Ou plutôt pas très hétéros. Plutôt en situation de fragilité, pour résumer. Là, c'est vrai, ils subissent, comme les femmes, l'ultraviolence d'une domination. Mais est-ce que, éventuellement, à partir du moment où, neuf fois sur dix[6], les victimes sont des femmes, on peut commencer à considérer que peut-être, je dis bien peut-être, il y aurait comme un facteur sexué dans l'équation ? Ce serait utile, en fait, pour pouvoir commencer à réfléchir.

On est fatiguées, on est même désespérées de voir que des femmes continuent de voler au secours d'un système qui les a pourtant, d'une manière ou d'une autre, arnaquées elles aussi. Toutes celles qui, au début de MeToo, écarquillaient la bouche, les yeux, les oreilles, et qui – dans le meilleur des cas, avec un peu de compassion – s'étonnaient : « Mais c'est dingue ce que ces femmes racontent. Moi, j'ai beau chercher, ça ne m'est jamais arrivé. Mais jamais. Jamais, jamais, jamais. » Jusqu'à ce qu'elles se souviennent que cette main au cul, elles ne l'avaient pas voulue. Que ce soir-là, ce rapport-là, elles n'en avaient pas eu envie et qu'elles avaient un peu serré les dents, le temps qu'il puisse éjaculer. Que ce matin-là, il était très tôt, qu'elles étaient seules à l'arrêt de bus, dans la ligne de métro, dans le hall de l'immeuble, et qu'elles avaient eu très peur. Et que donc, oui, finalement, *ça* leur était aussi arrivé. C'est juste que, jusqu'ici, elles trouvaient ça normal.

On est fatiguées, affligées, consternées, d'entendre certaines défendre une « liberté d'importuner[7] », quand on demande la suppression du permis de violer. Où s'arrête la bêtise, quand finit l'ignorance et où commence l'aveuglement volontaire ? Fatiguées.

Fatiguées qu'on nous balance des « femmes puissantes » à la tête, comme on nous filerait des croquettes. On nous accorde du temps d'antenne avec des cheffes d'entreprises, des stars de cinéma, des femmes politiques, on s'extasie devant leur parcours, on vénère leur pouvoir, on s'évanouit devant le nombre de leurs *followers* sur Instagram, et tant pis si la poignée de celles qui ont percé le plafond de verre ne cachera jamais l'armée des autres, toutes celles qui sont à terre. Et elles ont reçu le message cinq sur cinq : tout n'est qu'une question de volonté et elles en ont manqué.

On est fatiguées, on est en colère.

Fatiguées d'entendre certains nous promettre l'hécatombe pour nous faire reculer. Deux ans après MeToo, où sont les palanquées d'innocents incarcérés ? Quelques coupables condamnés, ce serait déjà pas mal.

On a hâte.

Ce qui se joue depuis deux ans, c'est une guerre sourde, une guerre d'usure, dont la violence commence tout juste à affleurer. Elle est sanglante, en réalité, tant elle touche aux fondamentaux les plus archaïques de notre société, suivant le schéma assez classique, finalement, d'un groupe qui s'accroche avec l'énergie du désespoir à ses privilèges, face à une masse qui lui demande des comptes. Sauf que, contrairement à ce que l'on voudrait nous faire croire – pour faire rentrer mémé dans sa chaumière –, ça n'est pas une guerre des sexes. Sur cette ligne de front séparant, aujourd'hui, deux parties aussi déterminées l'une que l'autre, vous ne trouverez pas les hommes d'un côté, les femmes de l'autre. Vous trouverez ceux qui veulent que ce monde bouge, et les autres. Ceux à qui ça va très bien comme ça, et ceux qui n'en peuvent plus. Ceux qui ont réussi à se faire, dans ce système, une jolie place au soleil, et ceux qui voudraient que tout le monde puisse s'y dorer la pilule. Alors évidemment, on compte plus d'hommes chez les premiers, plus de femmes chez les seconds. Il faut souvent avoir éprouvé directement l'injustice, les discriminations, la violence du rapport de force, pour décider de les combattre. Elles doivent vous être, d'une manière ou d'une autre, rentrées dans la chair pour se lancer à l'assaut d'une montagne si haute que vous n'en verrez peut-être pas le sommet de votre vivant. Vous ne savez pas jusqu'où vous irez, mais vous y allez quand même.

Aucune de nous ne sait, ce samedi 23 novembre, à quoi ressemblera le 24 et puis les jours d'après.

On marche, conscientes que la route sera longue, et pas seulement jusqu'à Nation.

On chante, mais on n'est pas dupes : la lutte contre les violences faites aux femmes a été décrétée Grande Cause nationale, mais le budget dévolu à l'égalité femmes-hommes reste l'un des plus ridicules de l'État[8]. Des banderoles réclament « le milliard » : c'est à peu près ce qu'il faudrait engager pour que les chiffres baissent. On en débloque, aujourd'hui, 361 millions, selon les calculs les plus optimistes[9]. Les chiffres baissent, certes. Mais pas les bons : moins 40 % de condamnations pour viol, aux assises, ces dix dernières années[10]. On n'est pas dupes, on est furax.

On danse, mais on le présume : un jour on rangera la sono et Beyoncé se taira. Rideau. Toutes les conquêtes féministes ont été suivies d'un sévère retour de bâton. Le fameux *backlash*[11] viendra, cette fois aussi, nous claquer en pleine face. La seule question c'est : quand ? Combien de mois, d'années peut-être, nous reste-t-il pour être entendues ? Qu'aurons-nous pu gagner entre-temps ? Combien de coups faudra-t-il prendre, et combien faudra-t-il en rendre ? Combien de mortes, d'ici là ?

« *Dans 16 féminicides, c'est Noël* » : on rit, mais ça grince.

Car ces chiffres-là, eux, ne baissent pas : on marche parce que chaque année, en France, une femme meurt tous les deux à trois jours sous les coups de son conjoint ou de son ex[12]. On marche, et à ce jour, il y en a déjà eu 137 pour la seule année 2019[13]. Elles s'appelaient Martine, Lucette, ou Laura. Étranglées, brûlées vives ou défenestrées, leur souvenir descend avec nous dans la rue, en grosses lettres noires sur panneau blanc. « On ne naît pas femme, on en meurt » : on sent, au fond de la gorge, derrière les rires, une gravité dans ce cortège. On pleure celles qui ne sont pas là. On aimerait leur montrer que, juste à côté de leur prénom, il y a écrit « féminicide » : cette année, le mot est entré dans le vocabulaire courant. Entre deux branlées, la nouvelle n'avait pas changé grand-chose pour elles, mais ça s'appelle quand même un début de prise de conscience.

Et ce dont, moi, je prends pleinement conscience, place de la République, c'est que je me suis bien plantée : deux ans après MeToo, l'émotion n'est pas retombée. Pas cette fois. J'ai rarement été aussi heureuse de me planter.

Les décomptes viennent d'être publiés : dans toute la France, aujourd'hui, on est 50 000 à manifester, selon les données officielles ; 150 000, selon les organisatrices.

Alors on pleure aussi de joie. Parce qu'on est là.

*

Je quitte la place de la République, mon ventre tire : il y a quelqu'un, là-dedans. Mon passager clandestin de l'après-midi, qui, contrairement à son grand frère, a eu droit à ses premiers slogans féministes. Sous ses yeux, il a vu des dizaines de milliers de personnes rire, danser, pleurer – petite, j'étais persuadée que le nombril était un hublot et, un jour comme aujourd'hui, j'ai très envie que ce soit vrai. Ce qui est sûr, en revanche, c'est qu'il a entendu la foule chanter, gueuler, vibrer. Cette énergie l'a forcément traversé, ne serait-ce que parce que son père et sa mère l'éprouvaient. Quand il sera plus grand, je lui dirai que, ce jour-là, le monde bougeait. À ce moment-là sans doute, je saurai lui dire aussi dans quelle direction il allait. Aujourd'hui, ça remue, ça bouillonne, ça pète, ça interroge, ça interpelle et ça secoue : nos croyances, nos habitudes, nos équilibres, nos normes, et nos limites. L'occasion est historique. Qu'en fera-t-on ? Aucune idée. Mais je lui souhaite un monde où les femmes et les hommes ne seraient plus assignés à résidence en raison de leur sexe. Où ils pourraient redessiner le masculin, réinventer le féminin, comme ils le veulent, tant qu'ils le veulent, et, s'ils le veulent, sortir un peu des clous. Elle serait belle, cette liberté…

On n'en est pas là.

On est même très loin de là.

« *Violeur, t'es foutu : les femmes sont dans la rue.* » J'adore l'idée. Elle me trotte dans la tête depuis que j'ai quitté le cortège : je voudrais tellement que ce soit vrai… La manifestation était belle, elle était nécessaire. Mais elle ne sera pas suffisante. Vous pouvez rassembler des centaines de milliers de personnes, qui, toutes ensemble, crieraient une colère bien légitime, si là-haut, tout là-haut, on ne veut pas les entendre, elles auront crié pour rien. Ce 23 novembre était historique. Sa seule existence est une victoire – du genre assez délectable, même. Mais on en fait quoi ? La suite, c'est quoi, si ceux qui ont le pouvoir de changer réellement les choses n'en font rien ? La question m'accompagne sur le chemin du retour. Demain, après-demain, il faudra trouver le moyen d'aller un peu plus loin. Et pas seulement crier plus fort, et pas seulement danser encore.

« *Violeur, t'es foutu : les femmes tirent à vue* » ? Évidemment, je plaisante. Vingt ans après le viol, le talion me plaît toujours aussi peu. N'empêche : je nous trouve très gentilles. Si l'autre moitié de l'humanité subissait le même sort que nous, que croyez-vous qu'il se passerait ? Sous-payés, écartés des postes de pouvoir, humiliés, battus, violés, la moindre manif aurait viré à l'émeute. Et depuis longtemps. Nous, on sourit. Sur les plateaux de télé, dans les studios de radio, dans les dîners de famille, on sourit. C'est le prix à payer pour être écoutées. La patte blanche à montrer pour ne pas effrayer. Le pire, c'est que ça ne suffit pas. Quoi qu'on fasse, quoi qu'on dise – et quelle que soit la largeur du sourire –, le fantasme des cohortes de castratrices déchaînées finit toujours par débouler. Alors à force, vient l'idée. Ou plutôt l'envie. Puissante. Féroce. Fugitive. Virginie Despentes s'est étonnée, un jour, de ce que les femmes n'aient jamais pris les armes pour tirer sur des hommes innocents au nom de toutes les femmes innocentes tuées par des hommes… C'est vrai, ça n'est pas arrivé. Et c'est vrai que c'est étonnant. On est vraiment très, très gentilles.

Caroline de Haas, comme toutes celles qui se sont retrouvées en première ligne depuis MeToo, aura tout connu : diffamation, insultes, appels au viol, menaces, pour elle comme pour ses enfants… Mais, à défaut de sourire toujours, elle s'énerve rarement. La veille de la manif, je la recevais dans mon émission[14] pour qu'elle nous en rappelle le pourquoi du comment. Je l'ai interviewée souvent, et cette fois je sentais comme un voile dans sa voix. Elle racontait le cyber-harcèlement dont elle avait été la cible, et concluait : « Depuis deux ans, on le répète en boucle : ce sont nos femmes, nos sœurs, nos filles, qu'on menace, qu'on viole, qu'on agresse et qu'on tue. Maintenant, je crois qu'on a compris. Il faudrait peut-être passer à l'étape suivante. Admettre, en toute logique, que ce sont nos pères, nos frères, nos fils qui menacent, qui violent, qui agressent et qui tuent. » Je sais, ça pique un peu, mais c'est comme ça : l'écrasante majorité des auteurs de violences sexistes ou sexuelles sont des hommes[15]. Alors, comme Caroline de Haas, nombreuses sont celles qui, aujourd'hui, préfèrent parler de « violences masculines », plutôt que de « violences faites aux femmes ». C'est plus brutal, sans doute. Ça nous vaudra de nouveaux torrents de boue, certainement. Mais c'est plus juste. Début novembre, dans un sondage, 22 % des hommes reconnaissaient avoir commis au moins un type d'agression sur une femme[16]. Ça aussi, c'est du jamais vu, jamais lu, jamais entendu. Et c'est comme ça, sans doute, qu'on ira plus loin : en regardant ces violences en face, dans leur ampleur comme dans leur origine ; en les nommant pour ce qu'elles sont.

Depuis le 14 octobre 2017, je bous. Depuis mon Tweet, je trépigne. Je suis convaincue que, comme moi, elles sont un bon paquet à n'avoir raconté que ce qui était supportable. Ce que le monde autour pouvait encaisser : un peu plus qu'une blague graveleuse, mais moins qu'un viol. D'abord stupéfaites, puis enthousiastes, devant l'écho magnifique produit par ce #balancetonporc, nous avons été quelques-unes à vouloir en profiter pour enfoncer le clou. Aller jusqu'au bout. Dire toute la vérité de ce qu'on nous avait fait, toute l'étendue de ce que les femmes subissent, aujourd'hui, en France, l'absolue totalité de toutes les formes de violences sexuelles qu'on a à écoper et, de l'orteil, glisser le pied dans la porte. Les plus sages ont su calmer l'élan des têtes brûlées… Les premiers mois, j'ai pensé qu'elles avaient raison. Vu ce qu'on prenait déjà dans la gueule, vu la difficulté qu'on avait à se faire entendre ne serait-ce que sur la réalité du harcèlement… Sans nier sa gravité, bien entendu, ni la blessure de celles qui l'ont vécu. Mais au regard du Code pénal, on en est au stade du délit, quand le viol est un crime. Et au regard des statistiques, il est encore largement sous-déclaré.

Le 23 novembre 2019, je me suis remise à piaffer. D'Opéra à République, je nous ai regardées. Intérieurement, je nous ai comptées. Je marchais, j'applaudissais, mais je me demandais : sur celles qui sont là, combien ont un rat, avec ou sans moustaches, qui les mord aux chevilles à chaque pas ? Combien sommes-nous à jeter nos rires à la face de ceux qui voulaient nous détruire ? Combien chantent pour ne pas hurler la douleur d'un viol ? Certainement plus d'une sur deux. Trois sur quatre ? Quatre sur cinq ? C'est vertigineux. Mais c'est peut-être le moment. Peut-être qu'il est temps de terminer le boulot…

Et si, fortes de ces deux années exceptionnelles, encouragées par cette mobilisation inédite, protégées par cette marée humaine, on se jetait à l'eau ?

Et si c'était maintenant, parce que après il serait trop tard ?

Le retour de bâton nous guette.

Avant qu'il nous cueille, fonçons dans le tas.

Allons-y.

Depuis plus de deux ans, je rêve de l'étape suivante : #balancetonviol. J'en vois les premiers frémissements sur les réseaux sociaux. Je lis l'envie d'en découdre. Ne rien retenir, ne plus cacher, tout balancer. Se jeter, toutes entières, toutes nues et toutes ensemble dans la mêlée. Elles aussi, elles piaffent. Elles aussi, elles trépignent. Joyeusement, furieusement. #balancetonviol

Je l'ai fait. Ici.

J'ai balancé « mon » viol – encore que l'usage du possessif, en la matière, me reste toujours en travers de la gorge.

Ça m'a pris un peu plus de temps qu'un Tweet.

#balancetonviol

Crier dans la forêt

Benoît. Une bière. Le parking. Il veut un coup de main. La portière. Le cutter. Les remparts. Sans rancune. Richard. La nuit à l'hôpital. Le matin au commissariat. Reprendre ma vie d'avant. Onze heures sur ma guérite. Le premier flouteur vient de passer. Big Boss m'a offert ses fleurs.

Le soleil tape fort. Il fait un halo autour de son immense chapeau. Elle est à contre-jour, je distingue mal les traits de son visage. Longue, brune, lunettes noires et bracelets blancs, elle a une allure folle. Je pense qu'elle s'est trompée, la Riviera c'est par là-bas. Mais non, c'est sur ma guérite qu'elle veut être. À moi qu'elle veut parler. Elle enlève ses lunettes, je la reconnais, je l'ai vue à tous les pince-fesses du Festival : elle est actrice, une intime, dit-on, de l'un de mes patrons. Elle a, surtout, une façon de me regarder qui me bouleverse. Elle prend ma main et l'étreint. Elle sait. Elle aussi, elle sait. Comme tous ceux du Festival, elle sait. Je sais qu'elle sait. Et elle sait que je sais qu'elle sait. Nous nous regardons en silence et puis elle me dit : « Tu es très belle. » En plein dans le mille. J'ai serré très fort mes lèvres pour ne pas pleurer. Ça aussi, donc, elle savait… Que c'était la seule chose à me dire. Que je me sentais laide. Laide et sale. Que mon bain de la veille n'avait pas suffi. Que je me serais volontiers griffé le visage pour effacer les traces de ses doigts. Que j'aurais voulu arracher ce badge en plastique pathétique, déchirer ce T-shirt beaucoup trop rouge, défoncer ma guérite au piolet, étouffer ce soleil à main nue. Que le beau m'était insupportable, depuis qu'il se faisait sans moi. Et que je me demandais, au fond, ce que je foutais là. Mais elle, non. Elle, elle me trouvait belle. Et elle me le disait. Je n'ai pas su quoi répondre. Elle a caressé ma joue et tourné les talons, toujours aussi impériale. Chancelante, sur ma petite guérite, je la regardais s'éloigner : « Mais comment a-t-elle fait ? » L'année d'après, j'ai compris. L'été où j'ai voulu me prouver que j'étais plus forte que lui… J'étais retournée travailler au Festival d'Avignon, je l'ai recroisée, lors d'une soirée. Elle n'avait pas oublié la guérite. Elle m'a raconté. Comme moi, elle avait plongé, de force, dans l'immonde. Elle avait vingt ans, comme moi, quand c'était arrivé. C'était aux États-Unis, c'était dans une cage d'escalier, c'était avec un pistolet. Enfoncé dans le vagin. « Pendant des années, je n'ai rien dit, m'a-t-elle expliqué. J'avais trop peur. Ou trop honte. Je ne sais pas… Et puis un jour, je suis allée crier dans la forêt. J'ai crié toute ma rage, hurlé toute ma douleur. Un jour, tu verras, toi aussi, tu iras crier dans la forêt. » Elle m'a souri, elle est repartie. Elle avait réussi à gagner l'autre rive, elle était sublime, et elle m'avait trouvée belle. Dans les pires moments de l'après, quand ça tanguait, comme une forcenée, je me suis accrochée à son souvenir. Ce halo presque surnaturel qui l'entourait me le promettait : un jour, je m'en sortirais. Un jour, moi aussi, je me trouverais jolie.

*

Je vais me permettre de te tutoyer, tu ne m'en veux pas ? On ne se connaît pas, c'est vrai. Mais vu ce qu'il vient de t'arriver, je crois qu'on a quelques points communs. On est un peu « sœurs de douleur », tu vois… Cette proximité-là, tu n'en veux sans doute pas. Normal, on te l'a imposée. Et ça n'est pas moi qui vais te le reprocher : je nous ai fuies pendant des années. Alors on va faire un truc, si tu veux bien : je t'écris maintenant, et toi, tu me lis quand tu veux, d'accord ? Moi, j'ai des choses à te dire. Toi, sens-toi libre d'en faire ce que tu veux. D'ailleurs, c'est peut-être par là que je devrais commencer : sens-toi libre de tout, tout le temps, et surtout de refuser. Ton « non » est un droit élémentaire. Au-delà de respectable, il est inaliénable. Même si on vient de te le piétiner. Alors, par exemple, tu peux dire : « Non, Giulia, je ne te lirai pas, pas tout de suite, et peut-être même jamais. » Mais je vais juste poser ça là.

Quand j'ai su que ça t'était arrivé, à toi aussi, ça m'a secouée. Le temps a beau passer, tu n'oublies rien. Ton corps sait ce qu'il a subi, ton âme sait ce qu'elle a morflé. Tu voudrais que ça n'arrive plus jamais. À personne, nulle part. Mais ça t'est arrivé. J'ai eu la rage, j'ai eu la nausée. Mon cœur a battu plus vite, il s'est serré. Je pensais très fort à toi et j'ai eu envie de te prendre dans mes bras. Te bercer, doucement, jusqu'à ce que ces images folles cessent de danser dans ta tête. Te laissent du répit, que tu puisses dormir un peu, tu en as tant besoin… D'où je t'écris, je te berce, crois-moi. Et je te crois. Si tu le dis, tu ne mens pas. Tu pressentais les regards que tu allais essuyer. Tu devinais les jugements auxquels tu t'exposais. En le disant, tu basculais dans un monde dont tu savais déjà que tu ne l'aimerais pas. En nommant, tu figeais : *ça* t'était arrivé, et, désormais, tu allais devoir vivre avec. Cette chose ignoble devenait ta compagne de route. Ta réalité. Il t'en a fallu, du courage, pour l'affronter. Tu as été héroïque d'en parler, tu sais ? Chacun de ces mots râpe, je sais. Et je sais ce qu'ils coûtent. Si tu as réussi à les faire sortir de ta bouche, c'est qu'ils sont vrais. Alors je te crois. Je ne sais ni où, ni comment, ni combien de fois ça t'est arrivé. Ce dont je suis sûre, c'est que tu n'y es pour rien. Ne permets à personne d'insinuer le contraire. Vraiment, s'il te plaît, ne laisse pas ce petit ver se glisser sous ton crâne – et fais gaffe à toi : on est les pires, nous-mêmes, pour ça… Dégage-le vite, avant qu'il ne s'installe. Il fait trop mal, il salit tout, il pourrit tout. Je te le répéterai autant de fois qu'il le faut – et tu me reliras autant de fois que nécessaire –, mais tu n'y es pour rien. Que tu aies accepté ce verre ou pas. Que tu aies voulu rentrer à pied ou pas. Que tu aies pris ce job ou pas. Je ne connais pas la charogne qui t'a fait ça. Mais, outre le fait que, là, j'ai très envie de lui arracher la peau des couilles avec mes doigts, il n'en avait pas le droit. Ça s'appelle un crime, au regard de la loi. Il t'a violée. Le coupable, c'est lui, la victime, c'est toi. Je sais, ça gifle. Il va te falloir un long chemin pour l'accepter. Mais tu le feras, ce chemin-là. Un jour, tu sortiras de cette chambre, de ce bois, de ce bureau, de ce sale endroit. Un jour, tu sortiras juste de chez toi, et tu n'y penseras même pas. Ça paraît irréel, mais c'est comme ça. Tu n'oublieras pas, certainement pas. Mais tu pourras vivre avec ça et ce sera ta plus belle victoire sur lui, sur *ça*. C'est assez savoureux, tu verras…

Aujourd'hui, tu as sans doute très froid. Je crois savoir que tu te sens nue. À vif. Plus de vêtements pour te protéger, il te les a arrachés. Tu ne voulais pas, il s'en foutait. Il n'a rien respecté, ni ta chair, ni ses contours, ni ses barrières. Il t'est rentré dedans, et le plus loin possible, alors tu n'as plus de peau. Emprunte celle des autres. Enveloppe-toi des autres, va vers les autres, ils vont te tenir chaud. Mais attention, choisis-les bien. Les toxiques, tu me les dégages, et vite. Tu sauras. Bientôt, tu vas les repérer de loin : dans les semaines, les mois, les années qui viennent, tu vas te voir pousser des antennes à connards – et des filtres à connasses. Ne les laisse pas s'approcher de toi. Tu as donné, ça va… Aujourd'hui, tu as tous les droits. Même de m'envoyer chier, moi, si tu m'as lue jusque-là. Je te comprends : on enverrait chier le monde entier pour moins que ça. Fais juste attention à ta haine. Qu'elle ne te bouffe pas, toi. Vomis-la, où tu veux, comme tu veux, mais ailleurs que sur toi. Défoule-toi, crie, tape, dans un sac de sable, un oreiller, ce que tu veux, dans cette salope de vie qui vient de te faire une très mauvaise surprise. Elle, tu peux. Toi, épargne-toi. Tant que tu peux, prends soin de toi. Dorlote-toi, écoute-toi, console-toi. Tu as déjà assez douillé comme ça. Mais, si tu veux, on est là. On est des milliers, des dizaines de milliers, tu savais ? Tu ne nous connais pas, mais on est là. Ça aussi, ça tient chaud. Et un jour, crois-moi, tu vas les recoller, tes morceaux. Un par un, mais tu y arriveras. Tu finiras par te retrouver, toi. Debout, verticale, tête haute. Sous tes pieds, la terre ferme, à nouveau. Lignes redessinées, frontières rétablies, horizon débouché. L'envers, l'endroit, tout reprendra sa place. Un jour, plus tard, tout refera sens. L'avant, l'après, les deux ensemble, une cohérence.

C'est long. Beaucoup trop long. Tu n'avais rien demandé et te voilà qui rames juste pour récupérer ta peau. C'est dégueulasse, je suis d'accord. Mais tu n'as plus vraiment le choix. Tu coules ou tu te bats. Tu te noies ou tu boxes. Cette injustice qu'on t'a faite, et tes rêves qu'on a bousillés, et tes envies qu'on a pilées. Boxe, boxe, boxe. Elles aussi, tu vas les retrouver. Pas aujourd'hui, c'est trop tôt, ne te le demande pas. Peut-être même pas demain. C'est laborieux, souvent. Douloureux, parfois. Chaotique, toujours. D'ailleurs, d'ici après-demain, tu voudras renoncer dix fois. T'allonger là, ne plus bouger. Et laisser faire. Et renoncer. Mais relève-toi, ça vaut le coup. Mets-toi debout, et quand tu peux, regarde, il y a encore du beau autour. C'est juste que là, tu ne le vois pas. Moi, je te le garantis : il y a un après. Tu auras un après. Tu vas batailler, c'est une conquête à engager. De toi, de l'autre. Ton corps, ta peau, l'aimer, aimer. Oui, ça aussi, ça va t'arriver. Tu l'as bien mérité. Et tu vas le goûter. Tu peux te la faire belle, ta vie d'après. Tu doutes, et, de toi à moi, vu ce qu'on vient de te faire, il y a de quoi. Mais on parie ?

Tu as, en toi, une force redoutable. Peut-être qu'au moment où je t'écris, tu ne la soupçonnes pas. Pourtant, elle est là. Tu es en vie. Tu aurais pu mourir, tu as cru mourir, et tu es là. Chapeau bas. C'était ta toute petite marge de manœuvre et tu l'as saisie. Tu as réussi, plus rien ne t'arrêtera. On t'a contrainte, une fois. Ça n'arrivera plus jamais. Tu ne subiras plus jamais. Ça, c'est un pouvoir gigantesque. Et une immense liberté. Celle de n'avoir plus peur de rien. Aujourd'hui, ça te paraît fou, à toi qui as peut-être encore peur de tout… Mais je te le promets : un jour, tu iras crier dans la forêt.

Je t'embrasse, si fort.

P.-S. : Tout ce moche, là, autour, c'est lui. Toi, tu es très belle.

Le dernier rêve

La dernière fois que je l'ai vu, c'était en rêve. Pas de ceux où je me réveillais en nage, en pleurs, sans savoir ni où, ni quand j'étais, parce que, du cutter aux remparts, je venais de tout revivre. Ça, c'était les premières années. Les suivantes, quand il venait me rendre visite, la nuit, j'étais globalement dans la campagne, globalement seule, il me courait après et c'était globalement effrayant. Mais il s'est fait de plus en plus rare. J'ai de moins en moins craint de m'endormir et de le retrouver en chemin. Là, pour être exacte, on était plutôt dans le métro. À Paris. Dans ma ville d'adulte, dans ma vie d'adulte. Il est monté dans la rame, s'est assis en face de moi. Il avait toujours sa petite moustache de rat, toujours son chicot pourri. Mais moi, je n'avais plus peur. Alors j'ai pu lui dire : « Mais c'était bien toi… » Il m'a répondu : « Ben oui, c'était moi. » Je me suis réveillée. Un peu flottante, mais sans trembler. Ce matin-là, j'ai su que j'allais pouvoir me mettre à écrire.

Remerciements

Guillaume, mon éditeur, m'a donné le temps d'écrire ces pages. Il y a cru, alors moi aussi.

Franck, mon mec, m'a donné le courage d'en tourner les plus lourdes. Avec lui, j'en ai eu envie.

Isaac, mon fils, m'a donné la force de gravir à nouveau la montagne. Je ne pouvais pas reculer, devant lui.

À eux trois, à Richard, au vieux renard, à toutes les mains qu'on m'a tendues, celles dont je parle dans ce récit, comme celles dont je ne parle pas, du fond du cœur, merci.

Notes

1. Enquête « Cadre de vie et sécurité », INSEE-ONDRP (Observatoire national de la délinquance et des questions pénales), moyenne obtenue sur les enquêtes effectuées entre 2012 et 2018 : 94 000 femmes de 18 à 75 ans sont violées chaque année en France.

Dire

1. Viols Femmes Informations est la première ligne d'écoute, anonyme et gratuite, créée au début des années 1980 par le Collectif féministe contre le viol. C'est un numéro de conseil et d'orientation, ouvert du lundi au vendredi, de 10 heures à 19 heures : 0800 05 95 95.

Le miroir

1. Paris, Grasset, 2006.
2. *Clémentine Autain Portrait*, Anne Delabre, Danger Public, 2006.

Devenir l'une d'entre elles

1. *Le Livre noir des violences sexuelles*, Paris, Dunod, 2013.
2. Enquête « Cadre de vie et sécurité », INSEE-ONDRP, 2010-2015.
3. Ainsi, 47 % des viols sont commis par le conjoint ou l'ex-conjoint de la victime, enquête « Cadre de vie et sécurité »,

INSEE-ONDRP, 2010-2015. Une femme sur deux se force parfois ou souvent à avoir des rapports sexuels avec son partenaire, même si elle n'en a pas envie, contre un homme sur quatre. Enquête CSF « Contexte de la sexualité en France », INSERM, 2006.

4. Le viol est reconnu comme un crime depuis le 23 décembre 1980. Selon l'article 222-23 du Code pénal : « Tout acte de pénétration sexuelle, de quelque nature qu'il soit, commis sur la personne d'autrui ou sur la personne de l'auteur par violence, contrainte, menace ou surprise est un viol. Le viol est puni de quinze ans de réclusion criminelle. »

5. Selon une enquête publiée en 2016 par la Commission européenne, 27 % des Européens considèrent que le viol est justifié si la victime portait une tenue jugée « provocante, légère ou sexy ».

6. Enquête « Cadre de vie et sécurité », INSEE-ONDRP, 2010-2015.

7. D'après l'étude CSF, « Contexte de la sexualité en France » (INSERM, 2006), 16 % des femmes de 18 à 69 ans ont été victimes de viol ou de tentative de viol. Des chiffres qui, selon les auteurs, sont très certainement en deçà de la réalité : compte tenu des tabous qui pèsent encore sur le sujet, le viol est largement sous-déclaré. Dans un contexte post-MeToo, les statistiques ont bougé. Aujourd'hui, selon la Fondation Jean-Jaurès, 12 % des femmes majeures disent avoir subi un ou plusieurs viols au cours de leur vie. À noter que, dans ces enquêtes, les viols sur mineures ne sont pas pris en compte.

8. D'après l'étude de la Fondation Jean-Jaurès, en 2018, 43 % des femmes âgées de 18 ans et plus ont subi au moins une fois des gestes sexuels sans consentement. D'après un sondage Odoxa réalisé pour *Le Figaro* et France Info, en 2017, 53 % des Françaises ont été victimes d'agression sexuelle et / ou de harcèlement. Avant MeToo, en 2016, selon l'enquête de l'INED (l'Institut national d'études démographiques) « Violence et rapports de genre », une femme sur sept a déjà été victime d'une forme de violence sexuelle. L'enquête ne prend pas en compte les 18-20 ans, tranche d'âge où ont lieu, comme en témoignent les autres études d'ampleur, une part non négligeable des agressions.

9. Quand les viols sont commis sur un adulte, 96 % des victimes sont des femmes (INED, « Violences et rapport de genre », 2016). Pour les mineurs, selon le dernier rapport de l'Observatoire de la

protection de l'enfance (2016), sur 19 700 affaires de violences sexuelles, 78 % concernent des filles.

10. Rapport annuel du ministère de la Justice, en 2018.

11. SSMSI (Service statistique du ministère de l'Intérieur), en 2018.

12. Ministère de la Justice, 2016.

Balancer du porc

1. « #balancetonporc !! toi aussi raconte en donnant le nom et les détails d'un harcèlement sexuel que tu as connu dans ton boulot. Je vous attends », Sandra Muller (@LettreAudio), Twitter, le 13 octobre 2017.

2. Pour des taux oscillant entre 73 % et 62 %, suivant les antennes et les postes en question, la majorité des invités politiques, des experts et des journalistes sont des hommes, selon le rapport du CSA « La représentation des femmes à la télévision et la radio, exercice 2018 ».

Balance ton viol

1. Interprété sur l'air du *Chant des déportés*, l'*Hymne du MLF* a été créé collectivement à Paris en 1971.

2. Le 2 septembre, matinale d'Europe 1.

3. Dior, collection printemps-été 2017 : « *We should all be feminists* ».

4. Tribune publiée le 13 novembre 2019 dans *Libération* et signée par un collectif issu de la société civile, au sein duquel on trouve entre autres : le footballeur Vikash Dhorasoo ; Gilles Lazimi, médecin généraliste et membre du Collectif féministe contre le viol ; Martin Winckler, médecin, romancier, essayiste, et Julien Bayou, secrétaire national d'Europe Écologie-Les Verts au moment de la publication de la tribune, etc.

5. Repris par le collectif #NousToutes, à l'origine de la manifestation du 23 novembre, le violet est l'une des couleurs historiques des mouvements féministes.

6. INED, 2016.

7. « Nous défendons une liberté d'importuner, indispensable à la liberté sexuelle », tribune parue dans le journal *Le Monde*,

le 9 janvier 2019, signée, entre autres, par Catherine Deneuve, Catherine Millet, Peggy Sastre, Sophie de Menthon et Élisabeth Lévy.

8. En 2019, il est de 0,007 %, soit 29 millions d'euros.

9. C'est le montant des crédits spécifiquement alloués à la lutte contre les violences faites aux femmes, selon le secrétariat d'État à l'égalité femmes-hommes.

10. Ministère de la Justice, septembre 2018.

11. Littéralement, « contrecoup ». Terme popularisé par la féministe américaine Susan Faludi, qui en a fait le titre de son best-seller, en 1991.

12. Ministère de l'Intérieur, 2018.

13. Bilan établi au 23 novembre 2019 par le collectif #NousToutes.

14. « Pas son genre », vendredi 22 novembre 2019, France Inter.

15. Quelle que soit la nature des violences mentionnées, « elles sont quasi exclusivement le fait d'un ou plusieurs hommes » selon l'enquête « Violence et rapport de genres » (INED, 2016).

16. Sondage IFOP pour *ELLE*, novembre 2019.

Table des matières

Composition et mise en pages
FACOMPO, Lisieux

Imprimé en France par CPI
en janvier 2022
N° d'impression : 2062250

Pocket – 92 avenue de France, 75013 PARIS

Suite du premier tirage : janvier 2022
S31762/02